墙 壁

上 的

狂欢

IL RINASCIMENTO

15 至 16 世纪意大利
文艺复兴密码

墙壁上的狂欢

15至16世纪意大利文艺复兴密码

[意] 斯特凡诺·祖菲（Stefano Zuffi）著　　Myngo张笪 译

长江出版传媒　湖北美术出版社

目 录 SOMMARIO

序言

"文艺复兴"一词有着美好的含义和丰富的意蕴。它传达了一种希冀，一种对未来的憧憬，颇有大地回春、万象更新之意。正是受到这种精神的熏陶，我有意撰写一部作品，向它致敬。这部作品须具备较强的可读性与趣味性，给读者带来愉悦感。

这一时期始于15世纪初，终于16世纪末，共涵盖两个世纪的辉煌艺术、绝妙建筑、文学杰作以及至今仍然存续的文化模式。哥特式宫廷风、人文主义、风格主义、反宗教改革和自然主义……这些术语看似用于定义一段历史交替时期，但倘若仔细体味，便不难发觉——它们彼此之间本就已经体现出显著的差异。

本书各章节按时间先后顺序进行排列，并根据不同风格、地区加以组合。在延绵不断而又波涛汹涌的历史长河中，每一章的起承转合均汇成同一方向，以引领读者在两个世纪的壮阔奇景中遨游。

因人文主义者成功地复兴了古典主义思潮，使得15世纪意大利的艺术文明声名远扬。但有一点不容忽视：自15世纪以来，由于意大利复杂的地缘政治结构，多样的艺术风格与形式各异的表达不断碰撞融合，形成了意大利艺术的主要特征。五大公国（米兰、威尼斯、佛罗伦萨、罗马和那不勒斯）四周小国林立，这一类国家系贵族宫廷所在地，热衷于大规模推广各类艺术文化活动，以宣扬本国威望。在很长一段时间里，透视法和人文艺术规约仅在佛罗伦萨确立，至多在帕多瓦得以应用，但仅浅尝辄止。而在意大利其他地区，晚期哥特式品位盛行，总体风格富丽堂皇、美轮美奂，具体到对每一种材料的甄选。例如，在绘画中，画家多选用金色或群青（由青金石制成，相较于金色更为昂贵）作为画布背景。

15世纪的意大利文艺总共分为两条主线：一条是先后兴起于佛罗伦萨和帕多瓦的人文主义路线，呈现出一派简朴祥和的面貌；另一条则诞生于意大利宫廷，奢靡之风盛行，人们主张细致入微的审美品位、奢华尊贵的艺术风格、幻想与情感交织的意蕴，理性与节制退居次要地位。

到了15、16世纪之交，从洛伦佐大帝（Lorenzo il Magnifico）和莱昂纳多·达·芬奇（Leonardo da Vinci）生活的年代开始，一段艺术鼎盛时期在意大利徐徐拉开帷幕。乔尔乔·瓦萨里（Giorgio Vasari）称之为"第三时代"，这是众多天才大家大显身手、展现技艺的最佳时机。自15世纪90年代起，诸多艺术名流活跃于意大利艺坛，他们并非在各自的居所里闭门造车，而是纷纷登门拜访，彼此讨教，堪称一场别开生面的国际荟萃。

在历史和文化方面，意大利也经历着翻天覆地的革新。人们逐渐对世界有了更加深入的认识：新大陆涌现，外军入侵、教派分裂、宗教战争连绵不断，意大利六国步入衰落……这一切犹如一把利刃，对提倡"人是万物的尺度"的人文主义理想造成重创。如果说15世纪的人文主义反映了一个追求理性、稳定与和谐的时代，那么16世纪的戏剧性宏伟艺术则铿锵有力地展现了一个充斥着动荡、战争、质疑、激情与新悸动的时代。在整个欧洲，16世纪初期的艺术传达了需要重新定义"边界"的诉求，这种边界不仅体现在地理位置上，还体现在整个人类文明之中。

受古代雕塑以及拉斐尔（Raffaello）与米开朗基罗（Michelangelo）近期作品的启发，意大利艺术以自身文化特性为导向，试图创立一种集各区特色为一体的"技法"。从法国国王弗朗西斯一世开始，在各国君主积极倡导宣传之

下，这种技法被传至他国，逐渐形成统一风格，于16世纪中叶传遍整个欧洲。

然而，作为意大利艺术中心之一的威尼斯却是一个特例。16世纪，雅各布·桑索维诺（Jacopo Sansovino）和安德烈亚·帕拉迪奥（Andrea Palladio）受托建造了一系列气势恢宏的古典建筑，威尼斯的城市面貌得以焕然一新。与此同时，提香·韦切利奥（Tiziano Vecellio）、保罗·委罗内塞（Paolo Veronese）和丁托列托（Tintoretto）的杰出画作也层出不穷。这一时期，威尼斯派画作以其绚丽明快的色彩和富于变化的光线备受青睐，收藏家遍布欧洲。

本书将向读者展现文艺复兴时期的辉煌艺术。书中精美的图画以一种放大的方式生动地再现了每一个细节，远比在现实中观赏更直观细腻。读者将能够亲眼看见，甚至亲手"触摸"画作，感受作品光彩夺目的外观，感知晚期哥特式艺术精致的色彩，体会16世纪后期艺术作品极富质感的笔触。近距离观赏画作可以给人以沉浸式的体验，让人仿佛置身于图画世界，比直接从现场凝视作品更具吸引力。毕竟，由于光线不足和距离太远等多种原因，陈列于博物馆和教堂内的作品往往无法充分体现其鉴赏价值。

■ P.Ⅱ：《监狱守卫入眠，圣彼得越狱》为菲利皮诺·利皮（Filippino Lippi）在1485年左右所作，用于完善马萨乔（Masaccio）和马索里诺（Masolino）未完成的系列壁画。该壁画藏于佛罗伦萨卡尔米内圣母大殿的布兰卡奇礼拜堂。
■ P.Ⅳ：壁画《新生儿的奇迹》是提香·韦切利奥的早期作品。帕多瓦，圣修院，1511年。
■ P.Ⅵ：保罗·委罗内塞为维琴察圣科罗纳教堂绘制的《三博士来拜》中身穿亮色长袍的三位博士（1578年）。

L'universo dorato delle corti

金色宫廷世界

15世纪或许是意大利艺术创作最丰富多样且最富特色的时期。意大利由多个地理实体连结而成，各地区争相捍卫自主权，时常处于敌对状态。正是如此特殊的政治和经济结构造成了权力的分散，这有利于推动地方特色艺术表达方式的形成。意大利共和国、领主国、王国及公国四大主体实力相当，呈现了一场辉煌灿烂的艺术文化盛宴。这场盛宴以晚期国际哥特主义运动为背景，哥特式成为欧洲贵族宫廷中最受青睐的艺术风格。即使如此，在整个意大利，除佛罗伦萨外，人文主义范式和几何透视法的传播进展缓慢。在15世纪中叶以后，几个文化中心经历了一个柔和的过渡阶段，奢华奇异的宫廷艺术与大学研究、古典研究相融合。在绘画、雕塑、建筑和应用艺术方面，意大利各地的艺术家思维开阔，运用技法不拘一格，孕育出的各种奇思妙想在整个欧洲都无可比拟，其重要性也不言而喻。而到了16世纪，意大利政治、经济格局的历史局限性则逐渐显现：一些根基稳固的国家频频派军侵扰，进一步加剧了意大利国土的分崩离析。

哥特式画派的风格特点部分源自14世纪的骑士传统（如金色的背景、柔美的轮廓、高贵骑士和美丽贵妇的优雅姿态）。此外，绘画者还将目光投向大自然（如精心描绘的花草），以叙事性绘画的方式描绘出一个个细腻生动、人物饱满的故事。

晚期哥特式，"具象艺术"和"装饰艺术"之间仍有着千丝万缕的联系，直到文艺复兴时期才得以完全分离。其中最典型的表现在于建筑、绘画、微缩画、金饰、纺织品、挂毯和家具的交融，大到纪念性雕塑，小到扑克牌，这一创作模式对面向专业受众的艺术创作产生了全面而深刻的影响。

每个宫廷，无论大小，都会雇佣一位"宫廷画师"，以展现领主形象及其周围的贵族世界。画师的主要任务包括：为领主和朝臣绘制肖像，绘制组画、祭坛画等，负责节日、比赛、戏剧布景，制作旗帜和装饰性窗帘，设计家具、服装服饰，绘制手稿袖珍插图，制作纪念章、盾牌、盔甲、纹章和各类珍贵物品。

还有许多杰出画家备受青睐，各宫廷争相高薪聘请，委以画作任务。与秦梯利·达·法布里亚诺（Gentile da Fabriano）和后来的安东尼奥·皮萨内洛（Antonio Pisanello）一样，许多声名远扬的画家四处旅居，将这一创作模式传播开来，从而使其艺术风格与世界接轨。

■ P.2：奥斯文扎大师（Maestro dell'Osservanza）于1433年所绘《圣母的诞生》，藏于阿夏诺（锡耶纳）科尔波利宫博物馆。该画作笔触精致，烘托出一种神秘的氛围。
■ P.4：在维罗纳《圣泽诺大教堂的祭坛画》（1457—1459年）中，安德烈亚·曼特尼亚（Andrea Mantegna）对细节的把控十分到位。

三博士来拜

1423年

秦梯利·达·法布里亚诺（Gentile da Fabriano）

佛罗伦萨，乌菲兹美术馆

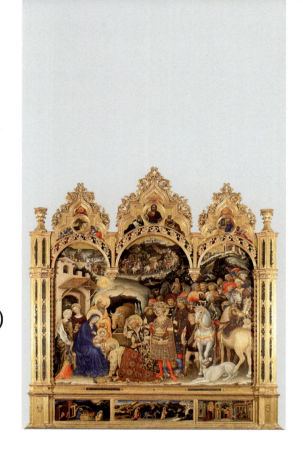

秦梯利·达·法布里亚诺的祭坛画是意大利晚期哥特式绘画的顶峰之作，堪称佛罗伦萨艺术文化的重要试金石。画家效仿宫廷小说中的骑士情节，以三博士抵达伯利恒为素材，创作出一幅炫目的华丽画作。画中绘有金发碧眼的英雄、身披黄金的战马、颤抖的灵缇、具有异国情调的服饰和奢华的赠礼。此画是法布里亚诺于1423年受富商帕拉·斯特罗兹（Palla Strozzi）委托所作，用于装饰佛罗伦萨圣特里尼塔天主大教堂内的家庭小教堂。这幅意大利晚期哥特式绘画杰作的完成要早于佛罗伦萨人文主义绘画的出现，在艺术史上成为一个奇妙的巧合（同年数月后，在位于阿诺河对面的卡尔米内圣母大殿布兰卡奇礼拜堂内，马萨乔和马索里诺正着手创作人文主义作品）。

当时法布里亚诺的创作处于一个过渡时期，在这幅画的大体构图中可见一斑：三个尖顶和画框的弧度体现了哥特式三联画的传统，而场景却以风景图为背景设置在一个单元空间中；此外，如果仔细观察，便不难发现画家在人头攒动之外，着意风景描绘的部分仍采用了金色背景。法布里亚诺既不尝试营造一种深度感，也不寻求写实的透视感：人物、动物和景观元素都挤在一起，相互堆叠，不留任何空隙。在这幅作品中，来自马尔凯的法布里亚诺将哥特式艺术的想象力和审美意趣发挥得淋漓尽致，即便是对物质材料的描绘也显得格外逼真动人：水晶一样熠熠生辉的纯金色，蓝宝石一样质地均匀的群青色，红宝石一样鲜明耀眼的赤色，画中人们华冠丽服，穿戴首饰琳琅满目。在一片纯净虚幻的氛围中，三博士的队伍沿着一系列梦幻之路缓缓行进。画面的主场景金碧辉煌，光芒四射，绚烂夺目。但如果凝神细视场景的边缘部分，就会发现画家所遵循的叙事顺序是多么细致入微。他在画板的边框内描绘了三博士东方之行的起因（起初，他们观测天象以了解彗星扫过之意），随后通过对一系列连续细节的刻画及生动有趣的创造性发挥呈现三博士的行进路径，直到他们抵达终点伯利恒。例如，挤在三博士周围的随从中站着几个来自其他大陆的人，在马群中可以瞥见两只豹子。

三博士及其异国随从仍是15世纪托斯卡纳艺术最受欢迎的主题之一，贝诺佐·哥佐利（Benozzo Gozzoli）为美第奇宫小教堂所绘的画作也证实了这一点。

■ P.6—P.11：秦梯利·达·法布里亚诺的画作中细节遍布，值得深入挖掘。例如衣服、配饰、动物、人物相貌等细节的刻画细致入微，等待观赏者去发现。三博士身着皇家服饰的奢华形象和随从朴素生动的民间装扮形成鲜明对比。

玫瑰园里的圣母玛利亚

约1420年

斯特凡诺·达·泽维奥（Stefano da Zevio）

维罗纳，老城堡博物馆

值得关注的是这幅作品的归属至今仍存争议，它可能出自斯特凡诺·达·泽维奥或米开利诺·达·贝索佐（Michelino da Besozzo）之手。这两位御用画师都活跃于伦巴第大区和威尼托大区两地之间，且在微型装饰艺术领域都声名显赫。画家是按照一幅大版画缩印画来构思这幅巨幅画作的，可想而知，在宫廷哥特式艺术与贵族出资赞助的作品中，微型画有举足轻重的地位。如果说微型画是一种风格范本，那么由黄金和青金石等奢华颜料描绘的场景便使得画作像金匠打造的艺术品一样精致且珍贵。在开阔而模糊的神圣空间里，在璀璨闪耀的金色光辉中，画面以一种醉人的温柔徐徐展开。画中场景发生的地点为密闭花园（Hortus conclusus），即由象征着圣母贞洁的玫瑰花围成的迷人花园。栖息在玫瑰花栅栏上的孔雀赋予了花园王公贵族般的高贵与奢华。在基督教艺术中，孔雀象征着不朽，而忙着收集玫瑰花瓣的众多小天使的形象也起到了丰富画面

的作用。在传统意义上，玫瑰与玛利亚的形象紧密相关。

精美绝伦的哥特式喷泉不仅是花园中不可或缺的装饰品，还暗指圣母是"恩赐之泉"（fons Gratiae）。当然，它也可能意指骑士故事中的一种常见元素——传说中的"青春之泉"。虽然在画作上部可以瞥见花园一角，但画家显然已经完全放弃了对精确透视的追求：人物、天使、动物和花朵自由地交叠在一起，丝毫没有体现出任何写实笔触或对画面比例的苛求，反而展现了一种童话叙述般的奇幻乐趣。

画中的主角被尊称为"谦逊的圣母"，她一改往常庄严肃穆的圣像坐姿（主要应用于更加宏伟庄重的祭坛作品中），怀抱着婴儿，在鲜花盛放的草坪上席地而坐，姿态朴素而谦和。就连圣婴也自发地融入这种亲切友好的氛围中，将手指放入嘴里呈吮吸状。另一方面，由于这幅作品是用于

宫廷装饰，因此画中不乏对玛利亚皇室身份的暗示。例如，她身披绣花大斗篷，头部周围星光闪耀。画作下方，一个优雅女性形象头戴绚丽的王冠，身着皇家服饰，周围还有其殉道的标志性物品（尖刺轮、刀剑、天使手持棕榈枝）。因此，观赏者可以清晰地辨认出此人为亚历山大的圣凯瑟琳。因其公主身份，圣凯瑟琳成为宫廷哥特式艺术中最受热捧的圣人之一。正如圣乔治的形象被视为绅士的理想典范，圣凯瑟琳的形象则被用于展现贵妇的优雅姿态。

■ P.12—P.17：圣母和天使会面的"玫瑰园"是一个天堂花园。在这美丽的春日，四处弥漫着温暖的金色，画中人物沉浸于祥和宁静的氛围中。孔雀和圣凯瑟琳公主（第14和第15页）为画面增添了高雅的贵族气息。

圣乔治与公主

约1436年

安东尼奥·皮萨内洛（Antonio Pisanello）

维罗纳，圣亚纳大削堂

佩莱格里尼教堂

安东尼奥·皮萨内洛的壁画、版画、素描和荣誉勋章处处彰显其意大利哥特式宫廷风晚期最伟大艺术家的身份与地位。遗憾的是，他的许多大型画作均遭到了不同程度的损毁。倘若要深入了解这位画家，就必须对其现存最完整、最重要的壁画进行鉴赏。在皮萨内洛的故乡维罗纳，阿迪杰河畔雄伟壮丽的哥特式教堂——圣亚纳大削堂内，这幅壁画得以留存。尽管如此，也仅余部分内容，即画面左边潜伏于山洞中的巨龙。由于湿气渗入画布缝隙，大部分场景已随时间的推移而渐渐褪色。这幅壁画采用了金银双色穿插使用的繁复技法，凭借绝妙的叙述性细节成为晚期哥特式风格的"百科全书"，堪称15世纪绘画中最伟大的杰作之一。此外，它还描绘了所有必不可少的"存在"：动物、人、岩石、建筑和悬挂在绞刑架上的死者，这些存在真实可感。画面中始终萦绕着一种难以抑制的紧张感、一种令人局促不安的氛围和一种微妙的心理联系。就像在棋盘上进行生死对决的棋子，象、马、车和王后似乎都浑身战栗，伺机而动，静待决定性的一步。

这幅壁画的草图（几乎全部保存于卢浮宫）数量繁多且构图精美，证明皮萨内洛的确下了很大工夫。他显然深谙作品的重要性，也十分注重作品的原创性。皮萨内洛选择摒弃圣乔治和巨龙打斗的一贯形象，并未集中表现圣乔治拔刀相助的英勇光辉时刻（高贵的骑士给巨龙以重击，解救了美丽的公主）。相反，巨龙仍在原地，在一片干涸的土地上愤怒而凶狠地喘着粗气。圣乔治脚踩马镫，手按马鞍，正蓄势待发，准备骑上高头大马朝巨龙疾驰而去。队伍中其他骑士的相貌充满异域风情，他们心烦意乱地站在那里，与战场相隔甚远；马儿在踢蹬，猎狗神情焦灼，仿佛嗅到了危险的气息；在城市中，黄金装饰的大理石尖顶建筑耸立，却空无一人，寻不到任何生命迹象（仅剩被绞死者）；情势危急，却无人伸以援手。这是一个高度紧张的时刻。身着长裙、美若天仙的公主失神地凝望着来解救自己的骑士，他面容俊朗，有一头金黄卷发。圣乔治顶盔掼甲，却行动如风，他迅速立定姿势，矫健一跃。他咬紧牙关，眉头微皱，坚如磐石的心中夹杂着些许不安。这一"勇气激荡"的瞬间被完美捕捉，正如骑士史诗代表人物马泰奥·马里亚·博亚尔多（Matteo Maria Boiardo）及伟大文艺复兴后继者卢多维科·阿里奥斯托（Ludovico Ariosto）和托尔夸托·塔索（Torquato Tasso）笔下的绝佳诗句所描述的那样。

■ P.18—P.21：皮萨内洛的壁画尽管保存状态不佳，但是依然呈现了晚期哥特式艺术和文学最引人注目的主题：英雄的明亮盔甲、马具的异国装饰、随从的奇异面孔、被绞死者的惊惧神情、公主一尘不染和难以企及的美丽。

施洗者圣约翰传奇

（记述《希律王宴会》的相关细节）

1435年

马索里诺·达·帕尼卡莱（Masolino da Panicale）

卡斯蒂耀内·奥洛纳（瓦雷泽），洗礼堂

直到15世纪30年代，透视法的确立仅在佛罗伦萨的绘画中有迹可循。随着时间的推移，无论是众多艺术家纷纷外出旅行，还是画作订购者严苛且与时俱进的要求，都对几何规则及人文表现的逐步推广起到了促进作用。装饰于米兰北部卡斯蒂耀内·奥洛纳小城的几座建筑内的壁画便是一个极其特殊的例证。红衣主教布兰达·卡斯蒂耀内（Branda Castiglioni）在罗马居住并在匈牙利执行完外交任务后，搬迁至伦巴第大区。他将布鲁内莱斯基式建筑元素引入并建在住宅宫殿旁的教堂，还邀请了几位托斯卡纳画家绘制壁画，其中包括他大为赞赏的艺术家马索里诺·达·帕尼卡莱。为了将瓦雷泽省的乡镇改造成一座15世纪的"理想城市"，马索里诺运用创新手法对卡斯蒂耀内·奥洛纳的托斯卡纳地区进行了诠释，在小教堂、布兰达·卡斯蒂耀内宫和洗礼堂绘制了各种壁画。在小教堂哥特式唱诗台的尖穹顶上，马索里诺绘制了许多精美的奇珍异宝，还为年轻的

圣母设置了专属场景。在画面中，她以惊奇的目光见证着一桩桩奇异事件的发生；在位于画作下方的小镇，红衣主教的房间里，他绘制了一个几近抽象的图像。这幅风景图本应与匈牙利相呼应，但它暗含一种隐喻，预示着大地自主的生命力和一种贯穿了山川与河流的普世规律，是马索里诺（就像半个世纪后的莱昂纳多一样）根据在伦巴第的所见所感，按照自己的构思编织而成的理想世界。

洗礼堂内的作品是马索里诺最重要和保存最完好的一组壁画。画家用画笔在潮湿的石灰上轻轻勾勒，以一种细腻动人的笔触将施洗者圣约翰的传奇故事在墙上铺陈开来。专供洗礼的约旦河变成了在小镇悬崖下流淌的奥洛纳河；耶稣基督的一行同伴不像新入教者或新的圣洁种族先驱，而是一群体格壮实、孔武有力的波河平原收割者。在酷暑中劳作了一天之后，他们脱去衣服，终于在喷涌而出的水中感受到一丝

清凉。画中人物往往会显露出自己结实的肌肉，这是文艺复兴时期艺术中早期绘画作品的象征。在这类作品中，人物不必摆出古典雕像的姿势，只需体现属于人类古老姿态的、直接而真实的高贵感。在内容更丰富翔实的那面墙上，有关"希律王的宴会"和"施洗者之死"的情节，在建筑透视框架内以轻快的叙事方式展开。尤其值得关注的是具有"现代"风格的长门廊与当地的建筑迥然不同，仍然完全属于哥特式风格。

■ P.22—P.25：端着施洗者头颅的莎乐美、希罗底和女仆等一群金发碧眼的美艳女子构成了这个鲜血淋漓的传说故事的中心。高贵的朝臣神态傲慢、举止优雅，是宫廷哥特式典雅精致的完美呈现。

圣母的诞生

1433年

奥斯文扎大师（Maestro dell'Osservanza）

[真实身份可能为萨诺·迪·皮特罗（Sano di Pietro）]

阿夏诺（锡耶纳），科尔波利宫博物馆

锡耶纳固守着自己力小势微而又引以为豪的独立共和国体制。在整个15世纪，锡耶纳始终沉湎于14世纪金碧辉煌、富丽华贵的传统模式，忠实于一种与佛罗伦萨严谨的透视技巧大相径庭的艺术风格（两地在政治上也针锋相对），这种风格成为该城市的标志性"形象"。甚至在15世纪，与作为祭坛画的整幅画相比，锡耶纳的艺术家和赞助人更青睐于在雕刻的木制品中镶嵌丰富的多联画。托斯卡纳南部是意大利在艺术和文化成果上分布最密集的地理、历史区域之一。虽然像锡耶纳这样的重要"中心"有着不可忽视的地位，但许多小型乡镇也不乏类似的艺术赞助，同样散发出了无与伦比的活力，这一点在存世的许多作品和馆藏丰富、举足轻重的一系列地方博物馆中都得到了印证。

科尔波利宫博物馆收藏着意大利整个15世纪最引人入胜的精致作品之一，即奥斯文扎大师宏伟的多联画。这位艺术家的身份至今仍然成谜：人们曾猜测他是当地画家弗朗西斯科·迪·巴托洛梅奥·阿尔菲（Francesco di Bartolomeo Alfei）；近期，权威人士又认为他身上有着萨诺·迪·皮特罗（Sano di Pietro）青年阶段的风格。但事实上，他独树一帜，似乎自有一套创作模式和经验。他将14世纪锡耶纳大师，尤其是安布罗吉奥·洛伦泽蒂（Ambrogio Lorenzetti）的历史记忆以及对奢华细节的执着追求，与现实的空间透视感相结合，通过几何方砖地板呈现出来。三幅主要画作被细长的镀金木柱分割开来，就像一幅三联画，但被放置在一个和谐统一的室内场景中。左边，男人们在生产室外等待和讨论着；右边，在一张优雅的嵌花木床上，分娩后的圣安娜在休息养神；而在中央的大场景中，一群助产士刚刚完成了对新生儿玛利亚的第一次沐浴。艺术家着力于刻画众多令人赏心悦目的细节，比如一个女人在火堆旁殷勤地烤热毛巾，另一个女人则在尽头处给圣安娜送来一份清淡而又丰盛的午餐。精心打磨的细节、快乐宁静的感觉、折射在人物和建筑上的清晰光线，以及珍贵耀眼的金黄色彩，都是这部杰作的亮点，值得我们沉静下来，带着愉悦的心情去探索和品味。

■ P.26—P.31：正是由于艺术家对每一个细节娴熟而又完美的描绘，这幅多联画成为阿夏诺小而珍贵的博物馆中的一颗闪闪发光的宝石，令人心醉神迷。顶部中央的那幅画展现了圣母给婴儿哺乳的场景，而主要场景则在整体画面的主要部分徐徐展开。这幅多联画呈现的是一种几乎全为女性的场景，而仅有的少数男性则被分隔于画布左侧。

礼拜基督降生的三博士仪仗

1459—1460年

贝诺佐·哥佐利（Benozzo Gozzoli）

佛罗伦萨，美第奇宫礼拜堂

从秦梯利·达·法布里亚诺的宫廷哥特式风格到莱昂纳多·达·芬奇和菲利皮诺·利皮的表达丰富的创新形式，礼拜基督降生的三博士仪仗队抵达伯利恒小屋的场景（三博士身披奢华长袍，极具异国情调的队伍和琳琅满目的珍品），无疑是15世纪佛罗伦萨宗教绘画中最令人赏心悦目、回味无穷的主题之一。

佛罗伦萨三博士画作的不断涌现可以解释为美第奇家族塑造自身形象的一种有效策略的体现。这个佛罗伦萨的僭主家族虽然有着浓烈的强权意识，但他们仍想以一种较为"民主"的方式稳居共和国首脑地位，而非以暴君的身份主宰一个领主国。因此，三博士的形象（不同时代的统治者在同一条道路上行进）象征着美第奇家族的"善政"，推崇的和谐治国隐含着一种神圣合法的权力。此外，华丽的穿着、光彩的坐骑和一片欢愉的队伍反映了当时与此类似的壮观公共仪式，促使人们进

一步认识美第奇家族的显贵人物：这是对神圣历史和当下现实的一种大胆重合。在位于拉加路的新家族宫殿［刚刚应老科西莫（Cosimo il Vecchio）的要求进行重新翻修］精巧的礼拜堂里，贝诺佐·哥佐利以精巧、多样的笔触精准呈现了为美第奇家族各个成员构思的奢华典雅、绚烂多彩的晚宴服饰。贝诺佐·哥佐利，是美第奇王朝的最初掌权人在15世纪中叶后活跃于佛罗伦萨的众多画师中挑选的一位最不具现代性和实验性的画家，但他最善于绘制具有强烈装饰效果的巨幅壁画。贝诺佐·哥佐利当时深受真福安杰利科（Beato Angelico）信赖，并与他完成了多项合作。在透视学研究中，权威人士曾毫不夸张地表示，贝诺佐最终为其订购者完成了一幅王室般金碧辉煌、雄伟壮观的画作——三博士带领的骑兵队沿着礼拜堂的墙壁向前行进。而祭坛上则摆放着菲利皮诺·利皮的《耶稣的诞生》（如今被复制品取代，原件移藏于柏林）。

贝诺佐·哥佐利在人潮涌动、欢乐祥和的构图中加入了许多佛罗伦萨美第奇家庭成员的肖像，这表明，在不同时代三博士和美第奇家庭中的主要男性成员都一一对应。15世纪下半叶，这种解读方式在佛罗伦萨得以延续并取得显著效果，桑德罗·波提切利（Sandro Botticelli）的作品足以佐证这一点。总之，即便没有美第奇家族的直接委托，"三博士来拜"依然是佛罗伦萨艺术中惯用的主题之一。达·芬奇藏于乌菲兹美术馆的遗作（画家尚未完成便离开了佛罗伦萨）《三博士来拜》就是一个例证。

■ P.32—P.35："三博士来拜"在很大程度上是一类具有强烈政治色彩的主题画作，是对美第奇家族统治佛罗伦萨时期繁荣景象的呈现。贝诺佐·哥佐利并未运用过多的透视规则，而是将观众的视线聚焦于浩浩荡荡的骑兵队伍：他们都身着最新时装，姿态优雅，无忧无虑。

圣泽诺大教堂祭坛画

1457—1459年

安德烈亚·曼特尼亚（Andrea Mantegna）

维罗纳，圣泽诺大教堂

帕多瓦虽然紧邻威尼斯，却是一座独立的城市。它既是著名的帕多瓦大学的所在地，也是圣安东尼大教堂的瞻仰地。不仅如此，当地画师还承袭了乔托（Giotto）在斯克罗维尼礼拜堂的壁画所开创的非凡绘画传统。15世纪中叶，帕多瓦是意大利北部最重要的人文主义文化传播中心，一批青年画家在那里受训，后来均成就了各自的辉煌事业。其中最重要的一位当属安德烈亚·曼特尼亚。值得关注的是，许多伟大的托斯卡纳大师也都曾在此处旅居，如菲利波·利皮（Filippo Lippi）、保罗·乌切洛（Paolo Uccello），尤其是多纳泰罗（Donatello），他在帕多瓦停留了大约十年。多纳泰罗为圣徒大教堂的高坛制作了圣母和帕多瓦守护神的大圆形雕塑，这些雕塑被赋予非凡的表现力，生气盎然。此外，他还创作了一系列浮雕，在壮观的透视结构中呈现着叙事性的情节。曼特尼亚绘制的宏伟壮观的《圣泽诺大教堂祭坛画》正是受到了多纳泰罗祭坛的启发。

圣泽诺大教堂的祭坛最初被置于一个宏伟的龛室（在19世纪末被拆除）之下，但在各种衍生作品（包括曼特尼亚的《圣泽诺大教堂祭坛画》）中可以窥见雕塑原本的印迹。此前，曼特尼亚曾受托为维罗纳庄严的罗马式大教堂的高坛作画，那是曼特尼亚青年时期的顶峰之作。他当时才二十七岁，但已经完全转向以人文主义为基调，进行深刻的绘画革新，这一点在他后来迁至曼托瓦贡扎加宫廷后的作品中也得到了印证。由曼特尼亚为祭坛亲手设计的上楣，对画面场景作了补充：几个小圆柱与室内的建筑元素遥相呼应。曼特尼亚超越了三联画技法，将整个场景设置在一个宏大统一的建筑空间（一个由众多廊柱支撑起来的大厅）内。通过细腻的过渡，曼特尼亚成功实现了多联画与单一祭坛画之间的融合。因此，这幅画既被称为《圣泽诺大教堂祭坛画》，又被称为《圣泽诺大教堂三联画》。在由光彩夺目的廊柱支撑起来的大厅内，圣母在奏乐天使的环绕下，坐在大厅中央的宝座上；八位圣人（左右两边各四人）按不同的纵深在黑白地板上依次排列，体现了巧妙的透视运用；由树叶和果实装点的花饰从顶部向下垂挂，进一步实现了场景的和谐统一。

这幅祭坛画一直保留在原处，从上往下俯视着圣泽诺大教堂中殿。祭台的壁画是复制品，原作已被拿破仑运送至法国，如今分别存于卢浮宫和图尔博物馆。

■ P.36—P.41：只有近距离观察（实际上在现实中根本无法实现），才能够清楚地观赏到曼特尼亚绘于圣泽诺大教堂高坛上的杰作，才能逐一认清垂挂花饰上分布的水果（桃子、樱桃、杏子、覆盆子、柠檬），并捕捉到圣人们目光炯炯或顾盼神飞的神态。

殉道者圣彼得传奇

1468年

文森佐·福帕（Vincenzo Foppa）

米兰，圣埃乌斯托大教堂，波尔蒂纳里礼拜堂

与其他意大利贵族宫廷一样，在国际文化、商业、金融关系的推动下，米兰也开始了从宫廷风格到人文主义缓慢而渐进的转变。纺织品的密切往来将米兰公国与佛兰德斯紧密地联系在一起。此外，美第奇银行的分支机构则通过赞助吸引了一大批托斯卡纳艺术家。佛罗伦萨银行主管皮杰罗·波尔蒂纳里（Pigello Portinari）是15世纪身兼银行家、艺术赞助人双重身份的典型代表，其弟托马索·波尔蒂纳里（Tommaso Portinari）是布鲁日美第奇银行的所有者，也曾委托汉斯·梅姆林（Hans Memling）和雨果·凡·德尔·高斯（Hugo van der Goes）进行创作。在以弗朗西斯科·斯福尔扎（Francesco Sforza）为首的公国统治时期，皮杰罗·波尔蒂纳里推动了两个重要的建筑和装饰项目，一个是作为美第奇银行所在地的宫殿，另一个是美第奇家族小教堂，全部交由多纳泰罗的前合作者、老科西莫时期佛罗伦萨的主要建筑师米开罗佐（Michelozzo）完

成。虽然这座宫殿最后遭到摧毁，但装饰其外墙的极富表现力的赤土圆形浮雕和古典半身雕像在斯福尔扎城堡博物馆得以保存。

波尔蒂纳里礼拜堂可追溯到1468年，至今依然保存完好。这座贵族教堂建在古老的圣埃乌斯托大教堂（该教堂是米兰最重要、最受景仰的罗马式教堂之一）旁边，采用了与宫殿相同的建筑材料，即带有石质轮廓的伦巴第红砖和哥特式尖顶花窗，从而十分和谐地融入建筑群中。值得关注的是，米开罗佐构思了一个布鲁内莱斯基式建筑，将球体和立方体进行无缝拼接，呈现出清晰的人文主义风格比例。在建筑内部，这一组合作品在众多精美装饰下相得益彰：精雕细琢的石壁柱、沿着鼓形柱的圆环带依次排列的灰泥天使像、色彩缤纷的大圆顶，以及文森佐·福帕在弦月窗和圆形窗绘制的一组壁画，描绘了殉道者圣彼得的一生，包括其所施行的神迹及在

布莱恩扎树林中被刺身亡的遭遇。礼拜堂里还设有存放圣人遗物的大墓。

波尔蒂纳里礼拜堂的壁画代表着伦巴第地区在达·芬奇抵达米兰前人文主义绘画的巅峰。福帕以其体形巨大、威武有力的人物形象彻底挥别了细致入微、精美华丽的晚期哥特式风格。戏剧性的表达以及对现实的真实刻画从此成为伦巴第绘画的典型元素。复杂的城市背景或宽广的景观场景被交替设置在建筑的透视结构中。伦巴第绘画在经历了一次突然的革新之后，开始与当时最先进的帕多瓦（如曼托瓦和费拉拉）艺术流派接轨。而在对情感和自然的感知方面，福帕的贡献亦不言自明。

■ P.42—P.45：在穹顶的彩色圆环下，文森佐·福帕用清浅的笔触描绘了殉道者圣彼得的神迹，圣人身穿多米尼加教团的黑白长袍，画面构图也明朗清晰：他帮助一个年轻人重新接上了断脚；他以威严的眼神望向圣餐面饼，揭穿了假扮圣母的人。

LOGICA E POESIA DELL'UMANESIMO

人文主义的逻辑与诗意

15世纪初，掀起了一场以回溯古典文化为出发点，将人作为万物的中心与尺度的文化运动，因此被称为"人文主义"。这个现象并非偶然，而是已经进行了长达一个世纪的文学、艺术之旅的结果。但丁（Dante）、乔托和彼特拉克（Petrarca）是其中的开路先锋，但遗憾的是，1348年至1349年间爆发的瘟疫所造成的危机，戏剧性地中断了这场运动。自佛罗伦萨开始，在诸多方面，人文主义运动都与传统宫廷风格发生了碰撞与融合。意大利文艺复兴时期，人们纷纷热衷于探求几何学、综合法和透视学。在此后的很长一段时间里，托斯卡纳派大师都在意大利艺术中发挥主导作用。

意大利15世纪顶峰的表现形式首先体现在对精确比例的追求：每个部分都与整体相关联，艺术作品、建筑、城市规划的任一方面都不得过于突出，有时候甚至要求人与自然环境也保持适度协调的关系。这种态度不仅反映在建筑物和艺术作品的具体创作上，还反映在越来越多的著作和论文写作中。得益于印刷术的发明，这些文化作品迅速传播开来，其速度之惊人，远超几十年前的传播模式。贵族宫廷愈加重视图像背后的价值，纷纷慷慨解囊，为艺术家提供旅行经费，进一步促进了文化的交流。

尽管如此，在很长一段时间内，在意大利的许多地区，人文主义风格仍与金碧辉煌、典雅华贵的宫廷风格相互混杂在一起。在这一层面上，受米兰的斯福尔扎公国委托而造的建筑便是一个典型代表。其中，最完美的宫廷建筑范例当属费德里科·达·蒙特费尔特罗（Federico da Montefeltro）在乌尔比诺小镇建造的总督府，该作品完全以人文主义改革为导向。公爵高瞻远瞩，在乌尔比诺接待了来自不同国家的文学家、人文主义学者、建筑师和画家，他们每个人都为这场最高水平的国际艺术对话做出了重要贡献：皮耶罗·德拉·弗朗切斯卡（Piero della Francesca）从中脱颖而出，他的作品成了形式与色彩综合透视的典范。

15世纪70年代，在几乎整个意大利境内，透视法和三维构图的知识都得到了普及。这些年里，各个地区上演着层出不穷、翻天覆地的巨变。当时的佛罗伦萨正处于桑德罗·波提切利的辉煌时代。得益于美第奇家族的支持，同时也受到新柏拉图主义深奥哲学和诗歌的熏陶，他创作出了一系列宏伟壮观、充满世俗精神且寓意深刻的画作，如图形线性洗练鲜明的《春天》和《维纳斯的诞生》，这一系列杰作承载了洛伦佐大帝"黄金时代"的记忆。1475年，安托内罗·达·墨西拿（Antonello

da Messina）抵达威尼斯，此人对佛兰德斯绘画和皮耶罗·德拉·弗朗切斯卡有着相当深刻的见解。因安托内罗在潟湖停留数日，从此以后威尼斯画派摒弃了拜占庭艺术和晚期哥特式传统，对萌芽初生、精妙绝伦的文艺复兴艺术敞开大门、扫榻相迎。这一阶段的核心人物是乔凡尼·贝利尼（Giovanni Bellini），他是威尼斯绘画文明的起源，也是塑造其最初形象的画家。随着文森佐·福帕在当地才华的显露以及布拉曼特（Bramante）、达·芬奇的到来，在斯福尔扎家族统治下的米兰也开启了一个新的艺术流派；而教皇所在的梵蒂冈也有明显的复苏迹象：未来几十年间，罗马将一跃成为欧洲文艺复兴的主要艺术中心。

■ P.46：赫拉克勒斯和科斯罗之战中一个小号手鼓起的脸颊，出自皮耶罗·德拉·弗朗切斯卡绘制的《真十字架传奇》系列壁画。阿雷佐，圣弗朗西斯科大教堂，1452—1457。
■ P.48：在萨塞蒂小堂的壁画（佛罗伦萨，三圣一教堂，1485年）中，多梅尼哥·基尔兰达约（Domenico Ghirlandaio）将圣弗朗西斯的生活情节设置在15世纪佛罗伦萨的广场上，留下了一个妙趣横生的故事。

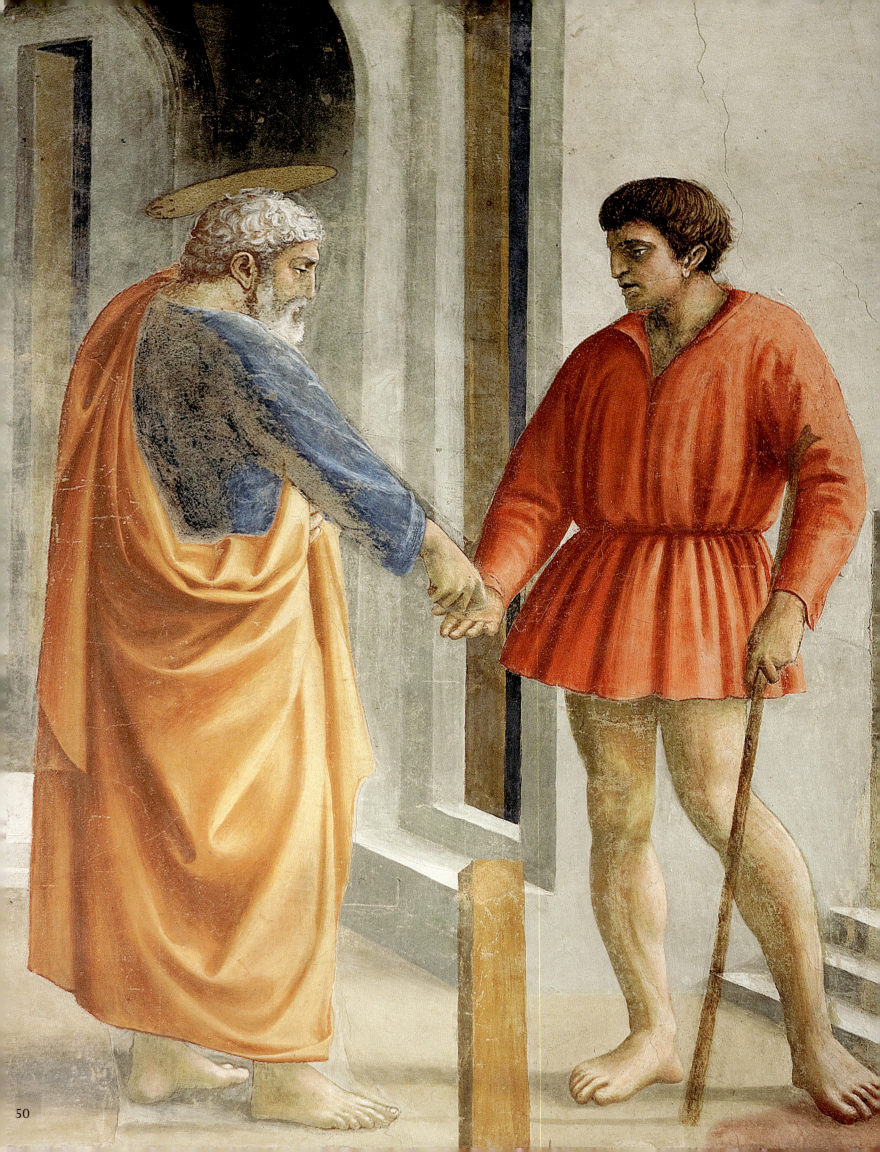

纳税银

1424—1425年

马萨乔（Masaccio）

佛罗伦萨，卡尔米内圣母大殿，布兰卡奇礼拜堂

布兰卡奇礼拜堂始建于秦梯利·达·法布里亚诺完成《三博士来拜》的后一年，标志着人文主义绘画文明的到来。1424年，金融家及征税人费利切·布兰卡奇（Felice Brancacci）出资为佛罗伦萨卡尔米内圣母大殿的家庭小教堂绘制了一组壁画。壁画创作交由两位长期合作的画家负责，其中一位是常年辗转于佛罗伦萨和恩波利的马索里诺·达·帕尼卡莱（Masolino da Panicale）。本书中还会展现他在卡斯蒂耀内·奥洛纳创作的壁画。这组壁画经历了曲折复杂的制作历程：1425年教堂装饰工作停工中断，壁画尚待完成。直到几十年后，1480年左右，菲利皮诺·利皮才将画作收尾。因中途对礼拜堂和教堂实施的改建工程，尤其是18世纪突发的一场大火，使这组壁画在很长一段时间内都残损不堪。直到1990年左右，相关专家对画作开展养护工作，其原本的明亮色彩才得以恢复。画中，马索里诺设置的场景宁静祥和，塑造的人物神态细腻、手势轻快，显然是受到了同时代多

纳泰罗雕塑创作的影响。另外一位是马萨乔，其创作风格则展现出一种雕像式的神圣庄严与神采奕奕，对称分布在礼拜堂入口两侧的一对人类祖先——亚当和夏娃，呈现了两位画家之间的平行呼应。马索里诺在《原罪》中刻画的两个裸体形象出现在葱茏茂密的花园中，显示出伟大古典雕像的纯洁与活力。在《亚当和夏娃被逐出伊甸园》中，马萨乔用沉重的手势和掩面神伤的表情表现了人类祖先远离神的恩典护佑、坠入凡间的残酷现实。

布兰卡奇礼拜堂的主要场景是马萨乔创作的《纳税银》，这是一幅令人难忘的杰作。由于这组壁画的订购人凭借征税致富，因此他的目的很明确，突出《马太福音》中一段著名的话。在这段话中，基督亲自表明缴税是公民不可推卸的义务（"把凯撒的东西还给凯撒，把上帝的东西还给上帝"）。在背景统一且精简的场景中设置了三幅连续的画面：在中心，基督向彼得解释，在鱼的内脏中能够找到所需的硬

币；在两侧，彼得首先去钓鱼，然后去税务处向税吏交税。传神的姿态、坚定的神情、庄严的形象……马萨乔深受乔托的启发，为将画作的所有表现力集中在人物身上，他尽可能地限制描述性元素，大力渲染人物的肢体美和道德精神，与法布里亚诺的晚期哥特式风格形成了鲜明的对比。

马萨乔在布兰卡奇礼拜堂的这组壁画在绘画史上有着举足轻重的地位。在接下来的几十年里，保罗·乌切洛和皮耶罗·德拉·弗朗切斯卡以及米开朗基罗争相效仿。

■ P.50—P.55：《亚当和夏娃被逐出伊甸园》真实生动的过程（第54页）；对圣彼得生平事迹的介绍（第52页、第53页）；《纳税银》的著名场景：圣彼得（第55页）遵照基督的旨意成功捕鱼，并在鱼的内脏中找到银币，交给税吏（第50页）。

圣母领报

1433年

真福安杰利科（Beato Angelico）

科尔托纳（阿雷佐），教区博物馆

真福安杰利科是多米尼加教派的杰出人物，道名为菲耶索莱的诺望修士（Fra Giovanni da Fiesole），他通常以神秘静默的艺术家形象为大众所熟知，人们认为他能够唤起时间之外纯净、明亮而又悬浮的神妙氛围。他善用自己的卓绝之能，绘制出一幅幅引人入胜的佳作（如佛罗伦萨圣马可修道院教士房间和走廊的壁画）。不仅如此，安杰利科是一位涉猎甚广、极具现代性的画家。他不仅深入参与了关于透视和图像演变的辩论，还大胆尝试各类技法，挑战不同画幅（小到微型画，大到巨幅壁画）。自15世纪30年代初起，在马萨乔英年早逝后，安杰利科凭借其对几何学研究与精致的色彩光线刻画的完美结合，从众多画师中脱颖而出，跻身最具创新精神的佛罗伦萨大师之列。

"圣母领报"是安杰利科偏爱的主题之一，他常常在复杂的建筑结构中插入天使与圣母间的奇遇。在他于职业生涯初期绘制的科尔托纳祭坛画中，有一系列小巧而惊艳的画作摆于祭台，从中可以窥见马萨乔对他的影响。安杰利科对现实展现出一种出人意料的真实体悟：在《圣母探访》中，故事场景是以特拉西梅诺湖为背景的科尔托纳镇，画家运用了缩短透视法，营造了一种陡峭险峻的氛围。和马萨乔一样，安杰利科也亲自走到大街上，融入当时的佛罗伦萨平民阶层，观察人文风俗和人物神情手势、建筑样式，塑造出一幅幅生动而真实的图像。画中情节以丰富的叙事性展开，亲切地展现了百姓的生活日常，堪称一部编年史。

在《圣母领报》中，安杰利科对宗教奥秘作出了翔实的阐述，有效地简化了构图，并通过在天使的光环、绸缎和翅膀上使用纯金而使色彩变得鲜艳明亮。不仅如此，他还采用了一个典型的文艺复兴式门廊透视图营造了主画面的空间感，并以大天使和玛利亚相互交换的金色铭文来传达两者之间的对话；正是出于这个缘故，圣母的话应当从右向左读。在门廊外，视线自然地转到一个馨香瑰丽的花园（暗指"密闭花园"，即圣母的神秘之处）。在左上角，安杰利科加入了一个尤为精致的细节，这是神秘训诂学的体现：亚当和夏娃被逐出人间天堂，看似不合逻辑，实则是为唤起人类漫长的救赎历程，而这种救赎将由从玛利亚的孕肚中降生的耶稣来实现。

■ P.56—P.61：在真福安杰利科绘制《圣母领报》的众多版本中，科尔托纳版本因其绝妙的色彩应用（紫红、纯金、青金石蓝）以及大天使加百列与意气风发的圣母之间的深度对话脱颖而出。两人的部分对话内容被呈现在画作中，就像一册神圣主题的"连环画"。

SPS 8 SVP
VBV TVVM
> VIRP ALTISI

圣罗马诺之战

1456年

保罗·乌切洛（Paolo Uccello）

佛罗伦萨，乌菲兹美术馆

正如皮耶罗·德拉·弗朗切斯卡在阿雷佐的壁画中所证实的那样，15世纪以战斗场景为主题的绘画重心不在于重现激烈的打斗场景；画家在表现将士的行动、情感的张力及画面的动态感上一笔带过，并未耗费太多笔墨。

保罗·乌切洛为佛罗伦萨的美第奇宫绘制的三幅画作（现分别藏于佛罗伦萨、巴黎和伦敦）并未传达一种兵戎相见的交战气氛，反而更像是一场弘扬骑士精神的高贵比赛：两支队伍分别立于地面两侧，临军对阵。通过三个场景，展现了1432年6月1日发生在阿诺河畔的蒙托波利附近的战斗，最终佛罗伦萨军队战胜了锡耶纳军队。在第一幅画作（现藏于伦敦国家美术馆）中，雇佣兵队长尼克罗·达·托伦蒂诺（Niccolò da Tolentino）下令对佛罗伦萨骑兵发起冲锋；在第二幅画作（现藏于佛罗伦萨乌菲兹美术馆）中，锡耶纳军队的首领伯纳迪诺·德拉·恰尔达（Bernardino della Ciarda）被射杀，从马背上跌落；在第三幅画作（现藏于巴黎卢浮宫）中，米凯莱托·阿滕多罗·达·科蒂尼奥拉（Micheletto Attendolo da Cotignola）指挥的特遣队与佛罗伦萨军队并肩作战。两派骑兵和步兵依次上阵展开杀戮，残暴血腥，尸横遍野。而观赏者却像站在一部高雅精美的文学作品前，并非是在面对一个被精准刻画的、令人触目惊心的历史事实。

据古代名人传记记载，保罗·乌切洛热衷于研究透视的几何规则，专注于塑造单个人物、马匹、折断的长矛、平躺的甲士，并着力刻画武器和服装的个别细节。他善于应用几何规则确定空间深度，但整体构图又似乎缺乏统一的观赏角度。

在许多描述性细节上，画家仍然沿用了宫廷哥特式风格，但战斗的激烈被一种近乎魔幻的故事感所调和。故事主人公及其英勇的战绩就像立于一个大棋盘上的棋子一样被搬上了舞台。保罗·乌切洛对每一个细节都进行了精心的刻画，例如，所有场景中都出现过的"mazzocchi"，即特有的大型复杂头饰，他研究精究微，准确地呈现了透视效果。尽管如此，整幅作品仍极富奇幻色彩，缺乏真实感，就连骏马的颜色也显得不够自然。画的远景由丘壑、田野、野兔和人物组成；而在画的近景中，被折断的长矛红白相间，构成了一个规则的网格，士兵和倒下的马匹被插在其中，形成了强烈的缩短透视效果。这些图像拼凑出了一个完整的战斗画面，或许是用弧形画框装裱而成的，用于装饰美第奇的一个大厅。

■ P.62—P.65：感知到背上的骑士被长矛击中并跌落时，锡耶纳军队指挥官的白马仰天长啸。保罗·乌切洛在一个具有传奇梦幻色彩的叙事背景中，准确讲述了一个真实的历史事件，体现了现实主义和幻想世界的巧妙结合。

高坛的青铜雕像与浮雕

1444—1450年

多纳泰罗（Donatello）

帕多瓦，圣徒大教堂

15世纪中期，继佛罗伦萨之后，帕多瓦成了意大利领先的人文主义思想"实验室"。它是著名的帕多瓦大学所在地，又因圣安东尼大教堂而成为朝圣之地。帕多瓦沿袭了非凡的绘画传统（包括乔托的斯克罗维尼礼拜堂在内），是托斯卡纳大师们和活跃于北方地区的画师们展现其最新透视技法的主要汇集地。接近15世纪中叶，这座智慧迸发、开放包容的城市孕育了一群杰出的托斯卡纳大师，其中一个核心人物是多纳泰罗。多纳泰罗在帕多瓦生活了大约10年，由于附近大理石矿藏匮乏，他最终选用青铜制作出了最伟大的杰作。这位佛罗伦萨雕塑家在帕多瓦留下了许多令人难忘的作品，如《加塔梅拉达骑马像》（又名《雇佣兵队长埃拉斯谟·达·纳尔迪的骑马像》），以及圣徒大教堂祭坛的青铜雕像。在《加塔梅拉达骑马像》中，多纳泰罗以宏伟的古典范例为参照，同时结合对现实生活的观察，刻画出雇佣兵队长栩栩如生、斗志昂扬、强毅果敢的神态，并

将整个队伍设于画面的对角线上，隐喻队伍的胜利进军。

多纳泰罗为圣徒大教堂的高坛创作了十字架、圣母和帕多瓦守护神的大型全浮雕，这些作品活灵活现，展现了非凡的生命力。在祭坛背面刻有几个局部镀金的青铜浮雕，生动地叙述了圣安东尼的神迹，而宏伟的透视结构则赋予了它一种庄严的建筑韵律。祭坛最初设于一座雄伟的龛室下，在19世纪末被拆除，后又被草草重建，但在各种当代衍生品中仍可窥见原始雕塑的构图痕迹。

多纳泰罗在帕多瓦的艺术成果显著，从全国各地前来拜访弗朗西斯科·斯夸尔乔内（Francesco Squarcione）的青年艺术家都深受多纳泰罗的影响。斯夸尔乔内虽是一位无名画师，却在15世纪之初成立了一间朝气蓬勃的工作室，为当时的可造之才提供各显其能的场所。斯夸尔乔内的教学

核心是收集不拘一格的古代残存品及画作，让学徒临摹，并定期将成品与托斯卡纳的新作进行比较。安德烈亚·曼特尼亚也曾在斯夸尔乔内的画室接受过培训，他曾负责装饰奥维塔里礼拜堂，其作品富有当时最新的透视研究。而曼特尼亚的《圣泽诺大教堂的祭坛画》（1459年）则展现了一种宏伟奇观，其灵感来自多纳泰罗的祭坛作品。

■ P.66—P.69：多纳泰罗在帕多瓦创作的雕像和浅浮雕；旁边可以看见一块描绘圣人安东尼如何显神迹的刻板；在里米尼广场上，一头驴子在圣餐面饼前虔诚下跪（第66页）。深邃的拱门，丰富的装饰和拥挤的人潮，虽然运用的是极浅浮雕技术，即"stiacciato"，但是多纳泰罗仍成功地展现了壮观的透视效果。在后面几页中则描绘了《新生儿的奇迹》。

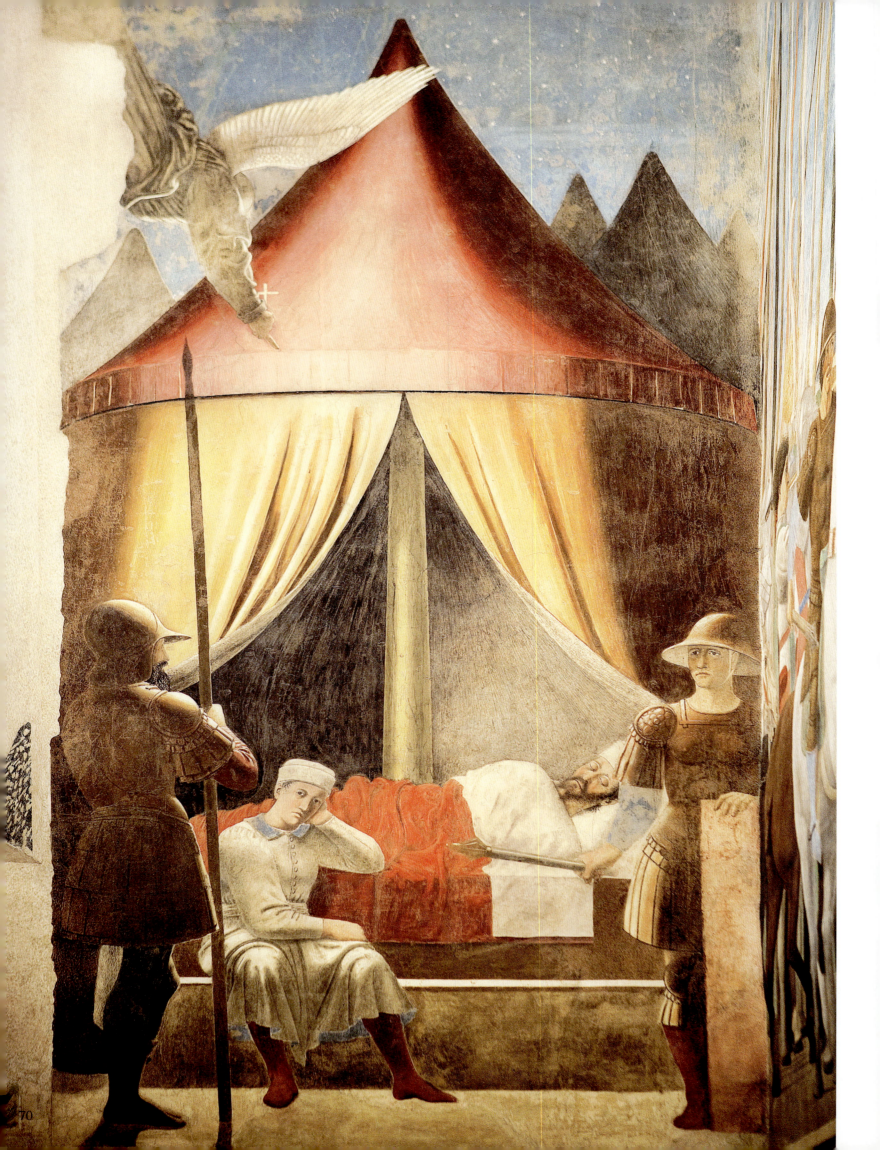

真十字架传奇

1452—1457年

皮耶罗·德拉·弗朗切斯卡

（Piero della Francesca）

阿雷佐，圣弗朗西斯科大教堂

皮耶罗·德拉·弗朗切斯卡在阿雷佐的壁画，是意大利画家掌握透视手法的一个转折点。通过这种复杂的表现形式，画中的人物与建筑、自然与技法、光线与运动、数理科学与深切情感相得益彰。

壁画最初交由一位名为比奇·迪·洛伦佐（Bicci di Lorenzo）的二流画家负责。他接手后立即搭上支撑架，开始在穹顶上作画。不幸的是，他于1452年突然逝世，画作订购人只好另寻画师来接替他的工作。之所以最后选定皮耶罗·德拉·弗朗切斯卡来为画作收尾，是因为当时他恰好住在附近的圣塞波尔克罗。从亚当之死一直到君士坦丁大帝，壁画叙述了关于基督十字架木材的曲折故事。皮耶罗巧妙运用了对立墙壁之间的视觉关系，在庄严的仪式与激烈的战斗、抒情的沉思与生动的叙述之间来回切换，描绘了许多精彩的时刻。作品以一种准确考究的智慧视角和适当的尺寸比例，在丰富的情感表达中尽显激情、

恐惧和温柔的共振。方济各会的长老会教堂的墙壁被分为三块叠加的区域，主墙顶部的两扇弦月窗包含了壁画的第一幕和最后一幕：《亚当之死》和《拜占庭皇帝赫拉克利乌斯进入耶路撒冷》。中间部分，左边是《寻找三个十字架》和《验证真十字架》，右边是《崇敬圣木》和《所罗门王与示巴女王的会面》，示巴女王认出了用于建造十字架的木材，跪拜在一座小桥的横梁前。这两个情节的特点是节奏缓慢，仪式庄重。在所罗门王和示巴女王相拥场景的人物安排上，皮耶罗参照了马萨乔《纳税银》中的使徒群像，画面背景不再是开阔的风景，而是一座构思精巧的古典建筑。在墙面底部则展现了两场血腥的战斗：《君士坦丁战胜马克森提乌斯》和《赫拉克利乌斯与科斯罗之战》。两幅画作以步兵和骑兵之间的肉搏战开场，并未通过动态的感官刺激和激烈的杀戮细节来呈现血流成河的场面，营造恐怖的战争氛围。背景墙中央有一扇大窗，整体被分

成了几个小方块，描绘了《美妙的夜间序曲》和《君士坦丁之梦》：一束神圣的光从星空中落下，在君士坦丁大帝入睡的帐篷里形成交错的光影。这是一个十分经典的范例，说明皮耶罗·德拉·弗朗切斯卡并未拘泥于几何构造和透视角度，而是满怀浓烈的诗意热情，传达了自然景观和世界的一种内在美。

■ P.70—P.79：皮耶罗·德拉·弗朗切斯卡用不容置喙的事实场景力证基督十字架的起源及其曲折的历程。在《君士坦丁之梦》中，悬浮的诗意时刻与拥挤的战斗场面交替出现（第70页）；而《所罗门王与示巴女王的会面》（第78页、第79页）则体现出了一种高贵的礼仪腔调。

希律王宴会

1452年
菲利波·利皮（Filippo Lippi）
普拉托，普拉托大教堂

对动态感的不懈追求并不是15世纪意大利绘画的一大重点，即使在描绘动态场景的绘画（例如战斗）中，人物的动作依然显得十分流畅，富有节奏，和谐自然。特别是在透视研究发展的前几十年，人们更加注重平衡感、对称性和恰到好处的构图，以便观众专注于理解所描绘的内容。其中大型壁画就是一个典型的例子，正如我们在马萨乔的《纳税银》中看到的那样，在同一空间里可以同时容纳多个情节：艺术家会更侧重于凸显节奏间的呼应或某个特定时刻，并为此打破从左至右的传统排列顺序。在这种情况下，人物的手势和动作将引导故事场景的展开，在观众的脑海中构建一个更清晰准确的事件顺序。

而此类创作的另一个表达灵感来自当时韵律感十足、优雅美丽的舞蹈。在普拉托大教堂的唱诗台上，菲利波·利皮刻画了莎乐美在希律王面前起舞的场景。这幅壁画以"施洗者圣约翰传奇"为主题，是他最著名的壁画作品。

随着工作室有条不紊地运行，凭借美第奇家族的赏识，菲利波·利皮年仅二十岁时便创作出了一系列重要作品（与此同时，也发生了一件引人非议的私事：他从一个修道院绑来一名修女，并娶其为妻）。1452年菲利波·利皮从佛罗伦萨迁至附近的普拉托。正是在这里，其子菲利皮诺·利皮很早便接受了优良的教育。在大教堂唱诗台的壁画标志着菲利波·利皮职业生涯的巅峰。画中丰富的场景、优美的图形线条以及画家精准的透视手法和典雅的叙事手法都为画作增色不少。在几年前，人们对壁画进行了全面的清洗和修复，还原了画作细腻的色彩，但也因此不可避免地导致了一些人物图案（原为画家待灰泥干后用漆绘制而成）的褪色，甚至消失。

■ P.80—P.85：同马萨乔在约30年前采取的做法一样，菲利波·利皮将多个瞬间融合于单一的透视场景中，并形成了一个统一连贯的场景。美艳的莎乐美在左侧的壁画上跳舞（第82页），而在右侧壁画上，施洗者被砍下的头颅被送到希罗底面前，众人皆面露惊愕神情，而莎乐美却无动于衷。

费德里科·达·蒙特费尔特罗书房的镶嵌画

1474—1476年

朱利亚诺·达·马亚诺、贝内德托·达·马亚诺（Giuliano e Benedetto da Maiano）

（部分基于桑德罗·波提切利的草图）

乌尔比诺，总督府

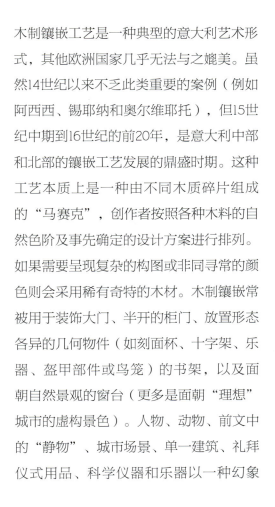

木制镶嵌工艺是一种典型的意大利艺术形式，其他欧洲国家几乎无法与之媲美。虽然14世纪以来不乏此类重要的案例（例如阿西西、锡耶纳和奥尔维耶托），但15世纪中期到16世纪的前20年，是意大利中部和北部的镶嵌工艺发展的鼎盛时期。这种工艺本质上是一种由不同木质碎片组成的"马赛克"，创作者按照各种木料的自然色阶及事先确定的设计方案进行排列。如果需要呈现复杂的构图或非同寻常的颜色则会采用稀有奇特的木材。木制镶嵌常被用于装饰大门、半开的柜门、放置形态各异的几何物件（如刻面杯、十字架、乐器、盔甲部件或鸟笼）的书架，以及面朝自然景观的窗台（更多是面朝"理想"城市的虚构景色）。人物、动物、前文中的"静物"、城市场景、单一建筑、礼拜仪式用品、科学仪器和乐器以一种幻象

式的透视表现在这间书房得到了很好的运用。镶嵌工艺在假象透视技术和创意领域地位举足轻重。这一切并非偶然：许多伟大的学者和透视理论家（如保罗·乌切洛和皮耶罗·德拉·弗朗切斯卡）纷纷开始为镶嵌画提供草图，就连科学论文中的插图（如刻面几何实体的呈现）也很快被应用于镶嵌板上。这幅书房木质镶嵌画无可比拟，讲述了乌尔比诺公爵本人的生平事迹。这幅作品的草图极有可能部分出自桑德罗·波提切利之手，而细致完美的加工则由朱利亚诺·达·马亚诺、贝内德托·达·马亚诺这两位博闻多识的佛罗伦萨艺术家一同完成。镶嵌板上描绘的故事以墙壁上方的《杰出人物》肖像收尾，这些肖像由朱斯托·迪·甘德（Giusto di Gand）和佩德罗·贝鲁杰特（Pedro Berruguete）完成，其中一半留在了乌尔

比诺，另一半被运至卢浮宫。在公爵雕梁画栋的私人书房内，木质装饰画构造了一系列门和书架，其中一个支撑架将书架分割为两半，并有一扇假窗面朝风景。在戎马征战多年之后，公爵终于卸下盔甲：在一侧，费德里科·达·蒙特费尔特罗被描绘成身穿长袍的人文主义者形象。书架敞开着，上面陈列着许多象征知识和艺术的器具：星盘、琉特琴、书本和浑天仪。这些物件都运用了几何透视法呈现在观众眼前。此工艺运用难度惊人，从中可见创作者的鬼斧神工。

■ P.86—P.91：乌尔比诺嵌板不仅是一种精湛技艺的呈现，更是15世纪木质镶嵌流派的风格和技艺的极致体现。科学器具、乐器、装有鹦鹉的笼子共同构成了统一的精致图案，其艺术性和美感要优于战争题材的写实作品。

圣塞巴斯蒂安

1475年

安托内罗·达·墨西拿（Antonello da Messina）

德国德累斯顿，历代大师画廊

在安托内罗的一生中，他曾旅居过诸多地方并积累了丰富的创作经验。他与伟大的佛兰德斯和普罗旺斯大师对话，与皮耶罗·德拉·弗朗切斯卡相互切磋，他对威尼斯画派的发展起到了决定性的影响。虽然安托内罗作品颇多，但由于种种原因，他流传下来的完整作品相对较少，而且这些作品主要诞生于他艺术生涯的末期。他一生中的所有事迹并非都有迹可循：过去人们认为安托内罗曾北上于米兰和佛兰德斯停留，但并未得到确切的证实。尽管如此，这位西西里画家在艺术界的地位仍不可替代，他能够从独特的个人视角专研各种新技法，将它们转化为可供15世纪中期意大利（从西西里到威尼托）各艺术流派参考的艺术范例，并在分析性较强的佛兰德斯流派和意大利绘画的宏伟庄严之间实现了一种平衡。

《圣塞巴斯蒂安》这幅画作完成于威尼斯，与失传已久的《圣洛克》原是一对作品。它是安托内罗为数不多的大型画作，也为威尼斯画派对大气光亮度效果展开的研究（由乔凡尼·贝利尼带头研究）做出了重大贡献。画中年轻的圣徒位于城市空间的中心，在透视法的作用下，建筑和人物在不同的纵深依次排列：殉道士被绑在一棵树上，身体微微侧向站立，以突出光线对描绘其身体轮廓的影响。插在他光滑柔软的身体上的几支箭的影子则显现出了太阳光的方向。尽管这是一场酷刑，但画中所描绘的这一幕并没有丝毫的浮夸与怪诞。画中没有刽子手（倒地的人可能只是一个躺下入眠的士兵），圣徒也没有表现出任何明显的痛苦，反倒是夏日的漫天光亮十分吸引眼球。

安托内罗将他前几年旅行中的所思所得一并汇集，这表明他已经熟练地掌握了曼特尼亚的技法。他根据常规的圆柱体模块设置每个图像轮廓，画面右边的断柱证实了这一点。建筑物和城市场景的呈现运用了透视技法，从中可以看到皮耶罗·德拉·弗朗切斯卡作品的影子，但相比之下，光亮和人性的温暖则是一种相对新颖的表达方式。

■ P.92—P.93：这幅画的迷人之处当然是殉道士孤独地伫立于阳光普照的广场之上，与背景中的众多人物形成了强烈的对比。面对这一悲剧场景，路人、闲谈的士兵、从屋顶上眺望的美丽妇人显现出了漠不关心或完全一副置身事外的姿态。

妇人肖像

1470年

安东尼奥·德尔·波莱乌罗或皮耶罗·德尔·波莱乌罗（Antonio o Piero del Pollaiolo）

米兰，波尔迪·佩佐利博物馆

侧身是15世纪意大利肖像绘画中最富有特色的一种姿势。尽管佛兰德斯的艺术范式已经传入意大利的一部分艺术中心（从米兰到费拉拉；从佛罗伦萨到那不勒斯），但传统画法在绘画中仍占据着主导地位。对人文主义的研究和日益增长的罗马古物（包括帝国硬币）的收集热，证实并进一步推动了这一趋势。画中的人物如身份尊贵、品德高尚的帝王一般，显得安定平和与高不可攀。

受纹章学和钱币学的影响，佛罗伦萨的赞助人一直以来都偏好采用侧身的角度来绘制肖像，这一偏好直到15世纪下半叶才发生了改变。与其他城市在透视和三维表现技法的迅速发展相比，佛罗伦萨的侧身画像更具"古典品位"，不仅如此，它还采用了许多画图技巧和各种构图手段（如透视背景、服装和帽子、珠宝的细节，以及精致的发型）加强深度和空间感。此外，人物侧身肖像还实现了不同性别和社会地位的统一：无论是最显赫的家族掌权者，还是普通妇女、青年、商人和雇佣兵队长，在人物比例上都一视同仁。15世纪下半叶，由于佛兰德斯绘画范例的传播和雕塑半身像的涌现，有四分之三的绘画都是半身肖像画。

由波莱乌罗两兄弟其中一人（学者们仍未确定它究竟出自安东尼奥还是皮耶罗之手）绘制的妇人肖像美丽迷人、高贵优雅，是女性侧身肖像的一个范例。一些学者认为这幅肖像画的人物原型是西蒙内塔·卡塔内奥·韦斯普奇（Simonetta Cattaneo Vespucci），即朱利亚诺·美第奇（Giuliano de' Medici）心仪的金发女郎。在这幅作品中，画家十分注重图形线条的表达。15世纪下半叶，这一绘画风格在佛罗伦萨盛行，其风格也成为洛伦佐大帝时代众多画家的首选风格。在云朵稀少的淡蓝色天空的映衬下，人物显得平静而从容。从袖子上的天鹅绒到额头上的乳白色珍珠，再到从复杂发型上垂下的包裹着耳朵的柔软丝织物，无一不体现出了精致之美。这位年轻美丽的女子望着远方，俨然一副不可亲近的理想化姿态。

■ P.94—P.95：这位年轻优雅且轮廓鲜明的佛罗伦萨妇人肖像画已经成为米兰博物馆的象征。画中她繁复的发型（一串串的珍珠和包裹着耳朵的丝织物）也一再成为后世研究的焦点。

春

1478年

桑德罗·波提切利（Sandro Botticelli）

佛罗伦萨，乌菲兹美术馆

《春》是波提切利首幅充满世俗精神且寓意深刻的杰作，呈现出崇高的精神和百家争鸣的思想面貌，被视为洛伦佐大帝执政期间佛罗伦萨的写照。波提切利技艺纯熟，笔触细腻生动，能够在明晰的色彩中勾勒出准确的图形线条，赋予人物优雅克制的姿态，他是诠释这类题材的最佳人选。据推测，《春》这幅作品不仅是对古典主义的呼唤和对爱情的赞美，也具有一定的政治寓意，预示着慈爱的光辉和普世正义，以及人类智慧与艺术品位主导的文明景象。根据乔尔乔·瓦萨里的说法，《春》和《维纳斯的诞生》这两幅名作都是遵洛伦佐大帝之意为其年轻的堂弟洛伦佐·迪·皮尔弗兰切斯科·德·美第奇（Lorenzo di Pierfrancesco de' Medici）所作，是对其追求美德与美的劝勉。哲学家与占星家马尔西利奥·菲奇诺（Marsilio Ficino）查证了洛伦佐·迪·皮尔弗兰切斯科的星座，指出其上升星座为"金星"（Venere，亦指"维纳斯女神"，维纳

斯女神被托斯卡纳人文主义者尊为和谐的守护者）。画中场景清晰明了，每一处场景都在大背景中铺陈开来，呈现在前景中的人物也极易辨认。在文学和哲学方面引经据典，对个别主题进行阐释是几个世纪以来艺术家十分热衷的课题，这幅作品自然也不例外，不过，其中的部分讽喻仍有待考究。值得一提的是，波提切利生活在一个人文、哲学和文学文化高度发展的时代，但他为人简朴、性情随和，平日里喜欢和画室徒工及合作者逗乐打趣。

在《春》中，所有人物依次排列在郁郁葱葱、鲜花绽放的森林背景中。传统的画作观赏顺序是从右到左，因此最先进入视野的是湛蓝如碧空、性情急躁的风神泽菲鲁斯，他奋力追逐着自己的未婚妻克洛丽斯（森林女神）。在春风的怀抱中，克洛丽斯变成了花神芙萝拉，在世间播种鲜花。波提切利仿佛绘制了一本绚丽夺目的植物标本集，涵盖了大约150种不同的花，而且

他对各种花的描绘都十分考究。

画面中央，蒙着眼睛的小丘比特在维纳斯上方飞来飞去，准备射出激情之箭，开启爱情的季节。维纳斯容光焕发、光彩照人，以一种安然的姿态立于黛绿茂密的灌木丛中，与晴底天空相互映衬。美惠三女神愉快地聚在一起载歌载舞，营造出宁静和谐的氛围。末了，在画面最左边，墨丘利（一位在佛罗伦萨因其机智和商业头脑而备受赞赏的天神）用他的神杖驱散着冬天的阴云。

■ P.96—P.101：人们对春之秘密的深入研究永无止境。这幅画负有盛名，其中的讽喻在如今看来依然神秘莫测。画中的神话人物在一片繁花盛开的森林草地上相遇，散发着非凡的魅力。这幅画在圣洁的表面下隐藏着诸多道德寓意，已然成为佛罗伦萨人文主义的象征。

牧羊人来拜

1485年

多梅尼哥·基尔兰达约（Domenico Ghirlandaio）

佛罗伦萨，圣特里尼塔天主大教堂（三圣一教堂）

萨塞蒂小堂

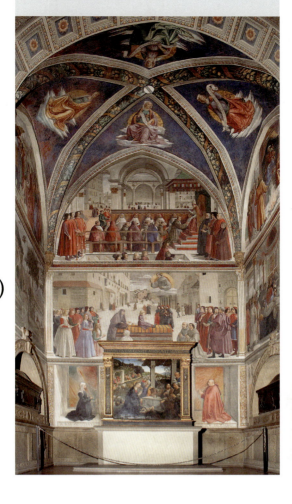

15世纪80年代，佛罗伦萨人文主义达到顶峰。这是洛伦佐大帝执政时期的黄金岁月，当时佛罗伦萨贵族寡头政治集团的各个掌权家族争相聘请画师创作了一组又一组的画作。其中，波提切利为美第奇家族绘制了几幅作品，包括著名的《春》和《维纳斯的诞生》；基尔兰达约忙于为托纳波尼（Tornabuoni）家族装饰新圣母玛利亚教堂，为韦斯普奇（Vespucci）家族装饰万圣教堂；菲利皮诺·利皮完成了马萨乔留下的布兰卡奇礼拜堂壁画；彼得·佩鲁吉诺（Pietro Perugino）也将其最令人惊艳的作品留在了佛罗伦萨，如帕齐教堂的壁画和《最后的晚餐》。此外，在圣马可的花园（由洛伦佐大帝建立的文学艺术学院），年轻有为的米开朗基罗受到热烈欢迎。

在竞争如此激烈的背景下，还涌现出了重要的佛兰德斯绘画作品，如波尔蒂纳里家族委托雨果·凡·德尔·高斯创作的三联画。多梅尼哥·基尔兰达约虽极力推崇佛罗伦萨的高雅艺术品位，但也掌握了北欧绘画的部分技术和表现特点。他在圣特里尼塔天主大教堂萨塞蒂小堂所作的祭坛画堪称其一大杰作：平衡的构图、大型壁画所呈现的平静安宁感以及画家娴熟准确的画功令人惊叹不已。这是一幅十分清晰的画作，生动准确地刻画了背景和人物表情的每一个细节，但同时又能保持一种宏伟感和完美的构图清晰度。画中的一个细节（用作马槽的古典石棺）十分精妙地表现了这位画家对考古学的真切热情。基尔兰达约完全融入了15世纪佛罗伦萨"新柏拉图主义"的思想和哲学潮流，不再将古典文化和基督教教义视为对立的存在，而是将其视为思想和宗教感情的连贯过渡，呈现出一种两极和谐自然的发展趋势。

■ P.102—P.107：多梅尼哥·基尔兰达约与波提切利两人既是同事也是志趣相投的知己。基尔兰达约偏好绘制清澈明媚、具有强烈叙事幸福感的场景。他为萨塞蒂家族绘制的礼拜堂祭坛画也许是其顶峰之作：画作《耶稣诞生》就像一颗纯净光洁的明珠，清晰地展现了三博士队伍行进的过程。

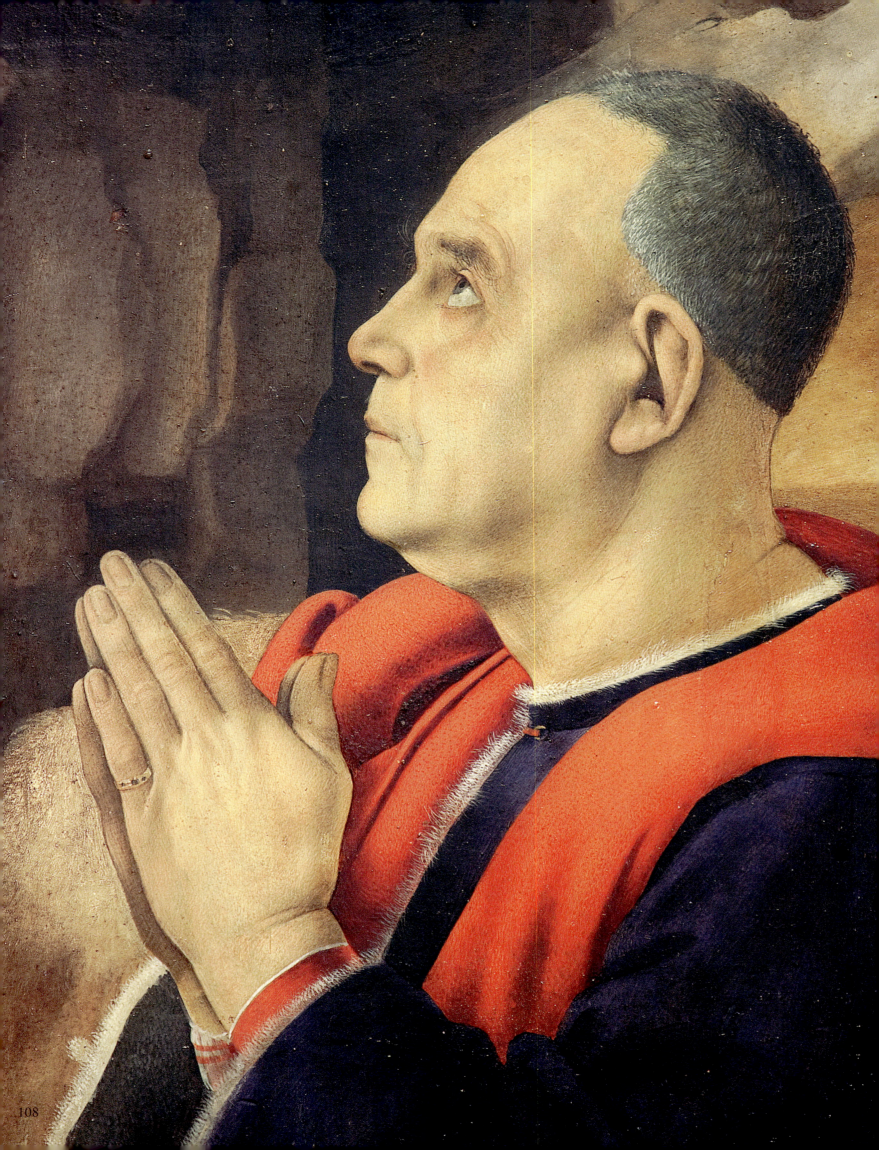

圣母玛利亚向圣伯纳德的显现

1482年

菲利皮诺·利皮（Filippino Lippi）
佛罗伦萨，巴迪亚·菲奥伦蒂娜教堂

这幅祭坛画近似正方形，光彩夺目，是15世纪下半叶托斯卡纳绘画中令人印象深刻、极具原创性的杰作。由皮耶罗·德尔·普耶塞（Piero del Pugliese）委托制作，画面右下角描绘的便是普耶塞祈祷的场景。该画作以克莱尔沃的圣伯纳德所见幻象为主题：这位孜孜不倦的学者曾目睹圣母在天使的陪伴下显现的场景。这一主题富有神秘色彩，是佛罗伦萨绘画、文学中喜闻乐见的题材之一，就连在《神曲》的结尾处，但丁都安排了圣伯纳德为圣母吟诵。菲利皮诺·利皮对这一场景进行了深度诠释：当时其他画家（包括佩鲁吉诺）都将该场景设置在门廊或修道院的房间内，而菲利皮诺则选择了露天的环境，从而获得自然光反射的效果，展现鲜明自然的描述性细节。在对细节的完美呈现和色彩的生动表达上，菲利皮诺可与佛兰德斯画家比肩。他在作品中委婉地传达出一种忧郁和不安，而且这种感觉似乎已经全方位地融入人物之中（天使的微妙神情；圣母面色苍白，用手触摸圣伯纳德的手稿），成为他创作末期的显著特点。

画作中有许多细节十分引人注目：比如，笔迹各异的圣人文章、粗糙奇特的木头讲台以及怒咬铁链的面目狰狞的恶魔，圣人的写字台位于一个由碎石组成的天然沟壑中，而恶魔和猫头鹰则被绘制在写字台后面的山洞里。

自然环境中充满了石头、树木和天气效果之间的对比，张力尽显，就像一种刻意设置的不和谐音符，传达出一种强烈的不安感，一反洛伦佐大帝执政时期佛罗伦萨的主流风格。完成该幅画作后不久，菲利皮诺便着手完善佛罗伦萨卡尔米内圣母大殿布兰卡奇礼拜堂中马索里诺和马萨乔在大约60年前留下的壁画。

■ P.108—P.113：想必画作委托人皮耶罗·德尔·普耶塞（第108页）一定也对菲利皮诺·利皮的杰作赞不绝口。画家以出色的构图技巧凸显值得深入挖掘的众多细节（如圣人的书籍和著作），而弥漫在整个场景中的神秘感也十分扣人心弦。

SVBSTINE
ET·ABSTINE·

伪基督的
传教和行径

1499—1502年

路加·西诺雷利 (Luca Signorelli)

奥尔维耶托，奥尔维耶托大教堂，圣布里齐奥礼拜堂

路加·西诺雷利在圣布里齐奥礼拜堂所作的壁画精彩地描绘了圣约翰《启示录》中的部分情节，包括《最后的审判》和《罪人与选民的分离》。这组壁画既是该画家的顶峰之作，也是整个意大利文艺复兴时期最重要、最具表现力的作品之一，主要用于装饰奥尔维耶托大教堂右侧十字形耳堂内大礼拜堂的墙壁。真福安杰利科早在50年前就已经开始对该礼拜堂进行装饰，但只绘制了穹顶的一部分。路加·西诺雷利的创作能力在沿墙的弦月窗中得到了充分体现。这或许是15世纪晚期意大利所有绘画中最具梦幻色彩的壁画：复杂的构图、激动人心的叙事、剧烈的灾变、可怖的天体现象以及裸体人群共同组成了一个宏大的场景，从中甚至可以窥见米开朗基罗的创作风格。墙壁下部的装饰也十分引人注目，其装饰图案取自罗马最新的考古发现。

路加·西诺雷利独树一帜，凭借该作品达到了其艺术生涯的顶点：他融合了当时的主流绘画风格（例如西斯廷礼拜堂墙壁的装饰以及乌尔比诺的人文主义的宫廷作品），同时又另辟蹊径，推崇绝对自由和表现的自主性（例如小型乡镇作品）。从时间纵深来看，圣布里齐奥礼拜堂的壁画也标志着15、16世纪之交的过渡，不可避免地受到了萨沃纳罗拉布道、地理大发现和外国军队入侵意大利等事件的深刻影响。在《伪基督的传教和行径》中，一些写实的内容（如雇佣兵绚丽的装束）得以呈现，成为整组壁画的开端。恶魔谄媚地教唆着神似基督的人物，心绪不宁的人群聚集在该人物周围。画作最左边出现了真福安杰利科和路加·西诺雷利的身影，两人身着朴素的黑色长袍。背景中呈现出各种血腥残暴的画面：众神学家正在高谈阔论，而其身后的大型建筑则暗指耶路撒冷圣殿遭到洗劫。

■ P.114—P.117：取材于圣约翰《启示录》的一系列壮观场景从这扇弦月窗铺陈开来。画作的主人公是一名伪基督，他受身旁恶魔教唆，妖言惑众，在他周围聚集着惶惑不安的人群。在画面最左边，西诺雷利还绘制了他本人以及真福安杰利科（最先开始在圣布里齐奥礼拜堂进行壁画创作，但未完工）的形象。

I Capolavori
dell'Alto Rinascimento

文艺复兴初期的艺术杰作

在经历了近两个世纪的黯淡时期之后，罗马再次成为基督教世界文化之都，这一点集中体现在对古典遗迹的重新发现和一系列持续不断的宏伟创举上。1481年，位于梵蒂冈中心地带的西斯廷礼拜堂刚刚建成，教皇西克斯图斯四世便召集了一众托斯卡纳的杰出画师对教堂墙壁展开装饰工作，由此诞生出一种繁复而优雅的绘画风格。这种绘画风格以精确的构思设计为基础，从佛罗伦萨传至罗马，继而迅速传播至其他大区。15世纪末，翁布里亚画师彼得·佩鲁吉诺深受意大利各地（北至米兰，南至那不勒斯）领主的赏识，其细腻的创作风格为拉斐尔日后的继承与发展打下了坚实的基础。到了16世纪初，意大利艺术达到顶峰，成为整个欧洲地区的典范。然而，一场异常严峻的政治经济危机也随之悄然而至：民族大国异军突起，在小国和领主制度的统治下，意大利各方势力较弱，难以抵御这一冲击。

我们可以将16世纪初简单定义为"群英荟萃的时代"。在16世纪前20年里，意大利乃至国际艺术界的众多领军人物跨越了时代的局限，兼收并蓄，博采众长，逐渐形成了百家争鸣的多元局面：例如，

威尼斯的乔凡尼·贝利尼、乔尔乔内（Giorgione）和提香；先后活跃于佛罗伦萨和罗马的达·芬奇、米开朗基罗和拉斐尔；意大利波河平原的曼特尼亚、洛伦佐·洛托（Lorenzo Lotto）和科雷乔（Correggio）。

意大利文艺复兴时期绘画中最重要的概念之一是通过单人和多人组合来构建形象。拉斐尔等人开创了一种巧妙的构图，画作结构浩繁、大胆且自然。画家不再将人物设置于封闭视角的建筑环境中，这是一大创新之处。达·芬奇开创了采用开阔背景和自然光的绘画风格，这种风格很快便成为威尼斯绘画的一个显著特点，并逐渐传播至其他地区。在这段时期，画家在人物安排上仍沿用传统的几何构图，但试图在人物手势和姿态中探寻一种全新的强大表现力。

1510年前后，拉斐尔和米开朗基罗在梵蒂冈的创作活动彻底改写了绘画史：丰富的表现力、宏伟壮阔的画面、前所未有的构图方案，成为文艺复兴创新艺术手法的基础。相比之下，波提切利和佩鲁吉诺笔下的精致人物虽然轮廓线条十分雅致，但表

现力平平，姿态也因此受限。

最后，值得一提的是，在这一时期绘画主题得到延展，神话主题（甚至情色主题）开始慢慢涌现。随着艺术市场的扩大和私人收藏的兴起，对此类画作的需求与日俱增。经过乔尔乔内、乔凡尼·贝利尼和提香等威尼斯画家的精准诠释，半身像和卧姿女性形象逐渐成为喜闻乐见的元素。裸体画得以迅速传播，在20世纪之前的绘画中成为最受欢迎的主题之一。随着色调主义的使用，肉体以一种柔和的方式被呈现出来，并与自然光和谐映衬。一种新型绘画风格就此确立，这种绘画风格偏重于色彩和光线，向根深蒂固的传统画法发起挑战。

■ P.118：平托瑞丘（Pinturicchio）的壁画存于锡耶纳皮科罗米尼家族图书馆中，该画作将精彩的叙事和翁布里亚绘画的柔和巧妙融合在一起。
■ P.120：在乔凡尼·贝利尼为维琴察圣科罗纳教堂绘制的祭坛画中，三个人物身着绚丽服饰，参加了基督的洗礼仪式。

圣马丁三联画

1500年

西玛·达·科内利亚诺（Cima da Conegliano）

维托里奥·威尼托（特雷维索）

"阿尔比诺·卢恰尼"教区博物馆

在15、16世纪之交，威尼托最引人注目的画家之一当属乔瓦尼·巴蒂斯塔·西玛（Giovanni Battista Cima），其笔名西玛·达·科内利亚诺，总会让人联想起他的家乡——位于马尔卡·特雷维吉纳山丘上的一座美丽小镇。作为威尼托腹地具象文化的典型代表，西玛的创作风格始终与家乡的风景紧密相连。他善于描绘一种从上至下、冷峻精确的光线，这一技法可以清晰地界定人物轮廓、描摹大自然的细节，后被画家传至威尼斯。西玛于1490年搬到威尼斯，在与乔凡尼·贝利尼、阿尔维塞·维瓦里尼（Alvise Vivarini）和维托雷·卡尔帕乔（Vittore Carpaccio）等艺术家争鸣的同时，他另辟蹊径，在当地成就了一番辉煌事业。在其画作背景中，人们常常可以看到特雷维索丘陵的广阔景色，这是西玛惯用的主题背景。此外，在明净的蓝天下还分布着极易辨认的象征性地点和取材于现实的建筑。

位于维托里奥·威尼托的教区博物馆主要是为纪念教皇约翰·保罗一世（阿尔比诺·卢恰尼）而建，因为他曾是该镇的主教。从馆内收藏的三联画中可以看出，西玛的祭坛画宏大而平静：明快的色彩渲染、沉着端庄的姿态和清晰可见的轮廓无不体现了他的匠心独运。这种绘画风格可与北欧绘画和洛伦佐·洛托的风格媲美，但在几年后便要面对乔凡尼·贝利尼和乔尔乔内色调主义的挑战。

《圣马丁三联画》是16世纪初的作品，具有一种清澈明晰的美感。在中央画作中，圣马丁骑在马背上的姿态高贵尽显，他正在切割披风，要赠予一位穷人。这是西玛杰出优雅绘画风格的集中体现。他个人不太偏好激动喧闹的场景，而更倾向于展现专注且自主的人物。他刻画了一连串的手势，勾勒出缓慢而流畅的人物动作，以此呈现出一种朴素沉静的庄严感。

■ P.122—P.125：在16世纪的威尼斯画家中，西玛凭借其对光线的执着运用及其对人和物的精准勾勒脱颖而出。从圣马丁的脸庞（第122页）和穷人的脸庞（第125页）以及圣彼得年迈的脸庞（第124页）中，我们都可以看到画家对细节的精彩呈现。

126

圣奥古斯丁的显圣

1502年

维托雷·卡尔帕乔（Vittore Carpaccio）

威尼斯，斯拉夫的圣乔治会堂

维托雷·卡尔帕乔因其在15、16世纪之交为会堂（威尼斯的代表协会和慈善机构）绘制的奢华油画而声名鹊起。在威尼斯，潮湿的气候严重影响了壁画技术的施展，因此学院接待室的巨大墙面上装饰的全是油彩画。在威尼斯方言中，"tèler"一词意指"框架"，不禁让人联想到保存大型画作所需的木制框架，其主要作用在于保持绘画的张力。而绘画的内容主要为会堂供奉的圣人的生活场景或其他相关历史事件。画家往往会以富有品位的叙事风格将一波三折、妙趣横生的故事描绘出来。在活跃于威尼斯的众多大师中，卡尔帕乔具有极强的统筹能力，作品层次分明，备受瞩目。他笔下的场景诠释了威尼斯共和国最辉煌时期的印迹，将其永远铭刻在人们的记忆中。卡尔帕乔为斯拉夫的圣乔治会堂创作的这组画是他唯一保留在原址的画作。会堂供奉着三位圣人（圣乔治、圣杰罗姆和圣特里丰），是定居威尼斯的

达尔马提亚人的瞻仰地。因此，在1502年至1507年间所画的场景中，卡尔帕乔并非局限于描绘单一的人物事件，而是结合了不同赞助人的生活情节。尽管包含了不同的人物形象，卡尔帕乔依旧成功地创作出了风格类似的系列画作。达尔马提亚人并不富裕，这点从其会堂的规模便可得到印证。因此，为了资助著名的卡尔帕乔进行昂贵的绘画工作，他们很可能向驻扎在附近的罗德斯骑士团寻求过经济支持。

在这组油画中，画家以其最动人、最具诗意的杰作收尾。它是献给圣杰罗姆的一组画作中的一部分，描绘了圣人以一束光的形式出现在圣奥古斯丁的书房里，给予他安慰并启迪他理解圣典。卡尔帕乔巧妙运用光线的视觉效果，将透过右边窗户柔和地布满整个房间的微小灰尘刻画得细致入微，为整幅画作增添了无限美感。不仅是圣奥古斯丁，还有小狗和书房里的物品，

似乎一切都沉浸在光的迷幻之中，仿若定格在一个极度神秘的时刻。这也恰恰是该画作的魅力所在：完全是日常生活中的自然光，温和而有穿透力，照射进房间，晕染了圣奥古斯丁周围的所有科学仪器，从而塑造出一个古典文化和基督教之间的睿智的调和者的形象、一个生动而现实的人文主义者的形象。

■ P.126—P.129：卡尔帕乔以威尼斯达尔马提亚人的聚会为背景创作了一系列画作，该场景是其中一个令人印象深刻的结局。卡尔帕乔十分热衷于细节描绘，他充分利用光影关系，对这位学识渊博的人文主义圣徒的书房物品进行了深入的探究。其中，毛茸茸的白色小狗活泼可爱，为作品增添了许多温度。

基督的洗礼

1500—1504年

乔凡尼·贝利尼（Giovanni Bellini）

维琴察，圣科罗纳教堂

15世纪末，在威尼斯共和国海上统治的鼎盛时期，在由各群岛、海岸、港口和地中海航线构成的领土上，威尼斯人对陆地重拾兴趣。这是一个全球性方向的大变化，涉及政治（如权力的制衡）、经济（如金融投资）、文化、社会、艺术等多个层面。绿色的山丘、潮湿的土壤、随风摇曳的葡萄园、坚固的红砖墙、平原的闷热难耐、多洛米蒂山的寒风萧瑟……这一切就像潟湖尽头遥远的海市蜃楼，使得威尼斯人望眼欲穿。经过在东方海域长达几个世纪的游历，威尼斯人开始意识到，他们生活的地方是一片瑰奇卓异的海岸领土。从多洛米蒂山脉到波河，从亚高山湖泊到海洋，各个城镇、村落城堡和修道院巧妙地分布在由自然和人类和谐塑造的全景图上。

乔凡尼·贝利尼是第一位注意到威尼托腹地的迷人和宁静之美的艺术家。贝利尼从小生长于威尼斯，痴迷于绘制各类自然风景。在他的绘画中，无论是为私人创作的小型作品还是巨大的祭坛作品，风景元素始终发挥着不可替代的作用。画家笔下的一座座山丘和一条条河流蜿蜒起伏，引领着观赏者的目光。在为威尼斯的圣扎卡里亚教堂绘制的《神圣的对话》中，乔凡尼·贝利尼通过光线的细微渐变，将淡淡的浮云和清澈明亮的蓝天完美地呈现在人们眼前，首次在神圣主题画作中营造了一种春天的气息。随后，画家在献给施洗者的华丽大理石祭坛装饰中采用了"基督的洗礼"这一叙事主题，并沿着维琴察的圣科罗纳教堂的左侧中庭绘制而成。乔凡尼·贝利尼将这段福音故事寄寓于周围的风景之中：一条从阿夏戈高原的高山上流下的清澈小溪被描绘成一条位于瓦尔达斯蒂科的约旦河（原位于西亚）。画家对细节十分关注，就连河床上的鹅卵石都清晰可见。基督完美宁静的正身像（在画板上部，父神的庄严肃穆也进一

步烘托了这一形象）与小河岸边三个灵动鲜活的年轻女子形成鲜明的对比。她们的衣服仿佛一块五彩缤纷的调色板，画家可以从中自由地汲取各种美丽的颜色。一只色彩斑斓的鹦鹉为场景增添了一丝明媚温柔的异国情调，而部分阴影则笼罩在施洗者周围，柔化了他原本粗犷的形象。

■ P.130—P.133：乔凡尼·贝利尼的画技在此阶段已趋成熟，该画作展现了春日的无限魅力和维琴察乡村的自然风貌。画中的鹦鹉神采飞扬、绚丽多彩，打破了人物姿态的平静，仿佛将画家调色板上的所有色彩一并披在了身上。

圣母子在圣尼卡西奥与圣弗朗西斯之间

（《卡斯泰尔弗兰科祭坛画》）

1500—1504年

乔尔乔内（Giorgione）

威尼托自由城堡（特雷维索），主教堂，科斯坦佐礼拜堂

军人图齐奥·科斯坦佐（Tuzio Costanzo）本是墨西拿人，但居住在威尼托大区的威尼托自由城堡，并且在该市的主教堂里拥有一座私人礼拜堂。为纪念其子马泰奥（Matteo）（战死沙场并被安葬于礼拜堂），科斯坦佐委托当地的知名画师乔尔乔内作了一幅祭坛画，上面饰有家族纹章，展现了圣母玛利亚位于圣尼卡西奥和圣弗朗西斯之间的经典场景。站立在画面左边的全副武装的英俊少年是圣尼卡西奥。他和科斯坦佐家族都属于马耳他骑士团，且在骑士团中声望极高。而且，弗朗西斯和尼卡西奥两位圣徒在科斯坦佐家族的原籍城市墨西拿也深受敬重。

乔尔乔内在其创作前期未曾受到赏识，但因其为私人收藏家所作的讽喻主题、文学典故主题画作而闻名于世。因此于他而言，为教堂作画是不可多得的宝贵机会。或许正因如此，这幅画才呈现出了一种引人沉思、满是阴郁的氛围。在《卡斯泰尔弗兰科祭坛画》中，乔尔乔内摒弃了传统建筑结构，只有故事的三位主角保持了三角形构图。画中铺有红色天鹅绒布的围栏，将圣母宝座和圣徒脚下的地板，与开阔的乡村远景分隔开来。大地、空气、光线、树木和房屋形成一个和谐的整体，烘托了整个画面的氛围，不仅如此，借助光线的巧妙运用，突出了整体构图的悬浮感、诗意和神秘感。

正如瓦萨里所言，乔尔乔内很可能对达·芬奇的渐隐法和自然研究有着充分的了解，但他对此进行了具有独创性的诠释。乔尔乔内在颜色选择上偏向于柔和的色调，在其渲染下，一种自然的氛围在整幅画中自由地流动。圣母恬静而美丽，仿佛悬空坐在用珍贵锦缎和精致图案制成的帷幕上，与秋日午后的淡雅色彩相互映衬，有相得益彰之妙。淡淡的薄雾将金色褪成暗红色，将浅绿褪成淡蓝色，而乡村的余晖则沿着背景中塔楼上发黄的石头渐

渐沉落。在铺有软垫的围栏上，光线在红色天鹅绒中逐渐汇聚，熠熠发光，掠过了圣尼卡西奥银黑相间的锃亮盔甲。

这幅杰作绘于威尼斯绘画发展的高峰时期，威尼斯画派借鉴了丢勒（Dürer）的艺术风格，洛伦佐·洛托和提香等青年才俊纷纷涌现。"色调主义"是由乔凡尼·贝利尼掀起的威尼托新风尚，最终被乔尔乔内确立。这一风格不再着力于塑造图形轮廓，而是通过细微的光线和颜色（以浅色为主）的渐变，使图像从背景中凸显出来。威尼托画家采用的这种技术，突出了色彩混合的效果，开创了一种全新的、富有表现力的画法，与佛罗伦萨画派专注于绘画研究的代表画家平分秋色。

■ P.134—P.137：《卡斯泰尔弗兰科祭坛画》尺寸并不大，但画面精美，是年轻的乔尔乔内和年长的乔凡尼·贝利尼（前图）的一次近距离交流，两人一同在静谧中探寻出了一种自然的氛围。细腻的光线巧妙地掠过了画中的所有静物，在美妙光线的渲染下，依照传统的对称排列模式也使人物轮廓显得柔和且流畅。

最后的晚餐

1494—1497年

莱昂纳多·达·芬奇（Leonardo da Vinci）

米兰，圣玛利亚感恩教堂餐厅

应卢多维科·莫罗（Ludovico il Moro）之邀，多纳托·伯德完成了圣玛利亚教堂的讲道坛，教堂的道明会修道院得以完成。修道院通过地下通道与斯福尔扎城堡相连，成为米兰最重要的15世纪建筑群之一，而《最后的晚餐》则构成了这一精巧艺术建筑的一部分。达·芬奇在脚手架上断断续续画了大约3年，他要么整日不碰画笔，要么连续画上几个小时。

《最后的晚餐》涉及的主题是绘画史上最广泛的主题之一，在14和15世纪尤为显著，深受佛罗伦萨大师的青睐。达·芬奇选择了福音书的一段著名内容：基督对12个门徒说"你们中的一个人要背叛我"，闻言后使徒们瞬间爆发了一场情绪风暴，或惊愕，或怀疑，或苦恼，或困惑，或悲伤，或恐惧，或顺服。在规则的几何构图下，人物的表现更具张力。13个人物坐在一张方形桌子的同一侧，分成4组，每组3人，呈金字塔形结构，基督的位置与此相

呼应。基督独坐在正中央，作为对称构图的中轴线。人物被框在一个深不见底的房间（由于透视法的巧妙运用，整个房间看起来和画中餐厅的区域一般大），在身后三扇明亮的窗户的映照下显得庄严肃穆。达·芬奇对"情绪表达"展开研究，试图在画作中清晰地揭示不同人物的内心情感，而《最后的晚餐》正是这一研究的巅峰之作。

这幅画的保存状况今不如昔。传统的壁画技术虽然能够保证画作持久的效果，但需要在干燥前将颜料快速涂抹在一层薄薄的、潮湿的石膏上（"湿壁画"由此得名）。作为文艺复兴时期最自由、最自主的精神代表，达·芬奇不愿受到任何约束和限制，自然不会向时代妥协去适应石灰干燥的时间。为此，他尝试了一种创新的技术，研究出了能够保留珍贵色彩的特殊支撑层和黏合剂，他使用蛋彩颜料将色彩固定在大墙上（为使观众看得更清晰，

在《最后的晚餐》中，人物尺寸比真人更大），并不断地进行修饰润色，给观众一种仿佛置身于画架前的直观感。然而，在实施几年后，这种技术的弊端逐渐显露出来：颜料开始从石膏上脱落，造成了不可逆转的损失。16世纪的许多见证者、评论家都对此进行了严厉的批判：乔尔乔·瓦萨里在1550年评价道："此创新之举实属拙劣，除显眼的斑点外，所剩无几。"

■ P.138—P.141：当人们靠近达·芬奇的画作《最后的晚餐》时，可以清楚地看见作品表面碎裂与磨损的痕迹。尽管如此，由于透视技巧的熟练运用，宏大的布局在剥落的废墟中依稀可见，其中充溢的情感与思绪让观者心里再次泛起涟漪。

艾伊尼阿斯·西尔维乌·皮科罗米尼出席巴塞尔会议

1503年

平托瑞丘（Pinturicchio）

锡耶纳，大教堂，皮科罗米尼家族图书馆

平托瑞丘曾与佩鲁吉诺合画了西斯廷礼拜堂的壁画，因此他最初的艺术风格留有佩鲁吉诺的影子。尽管如此，他似乎更关注华丽装饰、精妙的细节和雅致精巧的最新考古学引证。在15世纪的最后10年，在教皇亚历山大六世（文艺复兴时期最具争议的教皇）任职期间，平托瑞丘角立杰出，成为罗马艺术界的主角，为梵蒂冈教皇寓所创作了富有想象力的壁画，其中汇集了源自各地、花样繁多的装饰图案（如神话题材、镀金材料及老式装饰品）。

在斯佩罗迷人的巴利奥尼小教堂制作的壁画完工后，平托瑞丘的最后一项工作是在壮观的皮科罗米尼家族图书馆作画，在那里，他创作出了最负盛名的杰作。图书馆附属于锡耶纳大教堂，内部十分宽敞，专用于重现教皇庇护二世（原名艾伊尼阿斯·西尔维乌·皮科罗米尼）的生平事迹。这位教皇出生于锡耶纳贵族艾伊尼阿斯·西尔维乌家。在当选教皇之前，他曾是高雅的人文主义者和诗人，也是皮恩扎"理想城市"的创建者。图书馆主要负责存放珍贵的袖珍插图，在装饰上大量采用了新发现的罗马金色圣殿图案：尼禄的宫殿遗迹有着洞穴般的外观，在它的巧妙映衬下，这些装饰被人们戏称为"怪诞图案"。在壮观的装饰框架内，平托瑞丘以文学教皇的生活情节为基调，设置了多个广阔的场景。在构思叙事场景时，画家曾虚心向拉斐尔请教。拉斐尔当时年仅20岁，便已能为他作出优秀的设计草图。这幅有关艾伊尼阿斯·西尔维乌的画作是平托瑞丘和拉斐尔两人的合作巨献。画作回顾了西尔维乌26岁时前往巴塞尔的复杂航程：这位年轻的主教乘坐的船在科西嘉岛附近遇到风暴，被迫在韦内雷港临时靠岸。平托瑞丘基于拉斐尔的草图描绘了一个五彩斑斓的游行队伍，其中艾伊尼阿斯·西尔维乌骑着一匹白马，意气风发，引人注目。画面背景辉煌壮丽，超世绝伦：黑暗的海上风暴、处于危险中的船只与利古里亚海岸耀眼夺目的彩虹形成鲜明对比。

■ P.142—P.145：在锡耶纳大教堂附属图书馆内，仅从其如梦似幻的墙面便可感知到平托瑞丘非凡的审美品位。这些大型的弦月窗上印有西尔维乌·皮科罗米尼的生活片段，这些生活片段被镶嵌在一个令人惊艳的仿古的装饰框架中，与古典模型相呼应。在叙事场景（部分由平托瑞丘与拉斐尔合力创作）中，充分展现了逸趣横生的故事和别出心裁的细节。

圣玛利亚的婚礼

1504年

拉斐尔·圣齐奥（Raffaello Sanzio）

米兰，布雷拉美术馆

少年拉斐尔在父亲去世后继承了他的工作室，并与当时最著名的艺术家彼得·佩鲁吉诺（曾辗转于佛罗伦萨、翁布里亚和马尔凯之间）共事过几年。年轻的拉斐尔为翁布里亚和马尔凯的城镇作了几幅画，其中大部分画作如今都分散在各个博物馆里。《圣玛利亚的婚礼》原本被存放在卡斯泰洛城的圣弗朗西斯科教堂，是拉斐尔最重要的早期作品。这幅画是在皮耶罗·德拉·弗朗切斯卡完成《蒙特费尔特罗祭坛画》后30年绘制而成，画作上还留有拉斐尔的签名和日期（1504年）。他以此重申自己是乌尔比诺人，并会固守透视应用表现的传统。画中场景描绘了婚礼的高潮时刻，圣母玛利亚伸出手来接受约瑟的婚戒（据称婚礼上使用的圣戒遗物藏于佩鲁贾大教堂）。此时，其他追求者大失所望，折断了标志着求婚的求婚棒（由大祭司分发，用于识别被选中者）；而约瑟手

执的求婚棒却奇迹般地开出了一丛小花。

画面的总体布局为对称式，画面前景人物密集，伫立于宏伟的神殿前。这幅画是对佩鲁吉诺的公开致敬，拉斐尔不仅充分吸收了其师的艺术精华，且后来居上，开始显露出自己独特的柔美风格，弥补了佩鲁吉诺机械呆板、缺乏真正情感的缺陷。场景发生在一个铺以石板的透视广场上，它缓缓地向地平线扩展，并逐渐消失在远处由山丘、草地和树林构成的秀丽景色中。位于视觉中心的神殿是画面的核心，构成了向地平线环形延展的空间内的一个支点。一扇双开的门恰好位于构图的中心，引领观众的视线深入到神殿内部，并越过它到达天空中的灭点。即使是神殿的建筑结构（显然是在与布拉曼特同时期的作品进行对话）也显示出了拉斐尔的文化创新，当时他年仅21岁，真是后生可畏。画

中，在这种建筑与自然的和谐共存中，这些人物遵循了穹顶和画作本身的轮廓线条，以完美简约的方式沿着一系列半圆形排列而成。一种悬浮的优雅娴静盘旋在一切之上，在一种诗意的忧郁之中若隐若现：人物面貌平和自然，角色情绪柔和舒缓，就连那群失望的求婚者也没有表现出任何过激的情感。没有任何元素能够扰乱和谐的构图：多次出现的半圆的几何对称图案围绕着画面的中心轴线，完美融入遍布整幅作品的秀逸柔美之中。

■ P.146—P.149：拉斐尔完成这幅画时年仅21岁。在画作的总体布局上，他似乎都在模仿老师佩鲁吉诺（两人曾在几年前一同作画）。但他藏于布雷拉美术馆的杰作体现出其对老师的一种超越，他在画作中营造了一种迷人的和谐自然感，使基于精确几何元素的构图显得简洁明快，充满诗意。

圣家族

（《多尼圆幅》）

1504—1505年
米开朗基罗·博那罗蒂（Michelangelo Buonarroti）
佛罗伦萨，乌菲兹美术馆

圆形画是文艺复兴时期一种较为罕见的艺术形式：它几乎只出现在佛罗伦萨的绘画中，主要是波提切利和基尔兰达约等艺术家对其进行运用。这幅圆形画由高雅的佛罗伦萨鉴赏家阿尼奥洛·多尼（Agnolo Doni）委托创作，是一幅完整且保存完好的作品，也是唯一一幅被认定归属米开朗基罗的面板画。在创作该作品时，米开朗基罗已经30岁，他与同在佛罗伦萨的达·芬奇向来水火不容，但出于订购人的委托，后来两位艺术家都在韦基奥宫作画（达·芬奇《安吉亚里战役》、米开朗基罗《卡西纳之战》）。两种不同风格和代际之间的对决由此拉开，在画作的战斗场景中达到高潮，但遗憾的是这些壁画四处流散，遭到了严重的损毁。

这幅圆形画作或许绘制于1504年阿尼奥洛·多尼和玛达莱娜·斯特罗齐（Maddalena Strozzi）的婚礼之际，描绘了立于美妙风景之中的圣家族（耶稣、圣母玛利亚及约瑟的合称），其中，一堵矮墙将三个主要人物与圣约翰、一排年轻健美的裸体男人隔开。圆形画以一种较为大胆、个人的方式呈现了这一神圣题材：米开朗基罗借鉴了阿尼奥洛·多尼（也是拉斐尔的订购人）的提议，在场景中插入了全新的元素，给后人留下了多种阐释的可能。例如背景中的裸体形象十分不同寻常。据众学者阐释，这幅画描绘了救赎之旅的三个连续阶段：裸体男子代表着人类的前世，即从摩西处得到诫命之前；人类的今世则寄于圣约翰和约瑟（被置于圣母和圣婴的身后）两个人物之中；最后是人类的后世，从耶稣的诞生开始。

这些象征性的讽喻与新颖的创作风格相得益彰。也许是长期创作雕塑的关系，米开朗基罗（不久前刚刚完成了《大卫》雕像）给主要群体赋予了强烈的浮雕感，画中光影对比鲜明，突出了人物不同的分布结构和形体姿态。色彩的明暗转折十分亮眼，第一次呈现出"过度曝光"的效果（早期风格主义时期的画家将会沿袭这一手法），与同时期达·芬奇运用渐隐法完成的画作手法不同，难分高下。

■ P.150—P.153：相较于在板上作画，米开朗基罗向来更喜欢在大理石上用凿子来进行自我表达。但在面对高雅的收藏家阿尼奥罗·多尼的请求时，他决定破例，在由玛利亚、约瑟和圣婴组成的圣家族群体中创造了一个前所未有的、结构复杂的拥抱在一起的状态。

圣母升天图

1516—1518年

提香·韦切利奥（Tiziano Vecellio）

威尼斯，弗拉利荣耀圣母大教堂

1516年底，年事已高的乔凡尼·贝利尼与世长辞。几天后，年仅25岁的提香雄心勃勃，接替了他的工作，担任威尼斯共和国宫廷画师这一高薪职位。他连续任职长达60年，几乎横跨了整个16世纪。

同年，提香开始为弗拉利荣耀圣母大教堂的高坛（高约7米）绘制祭坛画《圣母升天图》，这幅画作在1518年5月18日正式揭幕。该画作蕴含一种辉煌壮丽、动人心魄的力量，这可能与《努瓦永和约》签署后的宽松氛围有直接关系。该和约将哈布斯堡王朝马克米西利安大帝在几年前的战争中征服的大部分领土归还给了威尼斯。

这幅巨大而壮观的祭坛画完工后，正式确立了提香在威尼斯艺术界中的霸主地位：他摒弃了乔尔乔内那隐秘娴静的景色，转而寻求令人耳目一新、气势磅礴的惊人表达力，使色彩、构图和动态有机地融为一体，在三者之间形成一种交响乐般的和谐

与平衡。提香的作品标志着宗教绘画的一个转折点，艺术家不再刻画静态、虔诚的沉思，而热衷于塑造朝气蓬勃、张力满满的动作。当圣母升天时，她身体微侧，沐浴在一团耀眼的光影漩涡中；前景中的使徒则摆出兴奋的手势，以表现他们对这一超自然事件的惊奇。提香极有可能是以基奥贾的健壮渔民和船夫为原型，塑造了这些生机勃勃的人物。上帝（父神）在画作的顶端翱翔，画家借助明亮色彩和强烈光线的对比，进一步凸显了构图的动态性。

正如一位16世纪的评论家所述，最初这幅标新立异的作品并未被威尼斯大众欣然接纳："那些笨拙的画家沉湎于贝利尼和维瓦里尼那缺乏立体性和动态感的死气沉沉的作品，再难欣赏任何其他艺术形式，因此他们对这幅画作嗤之以鼻。只有当排斥的心情渐渐平复后，人们才开始惊艳于提香在威尼斯开创的新手法。"其实这一反响不难理解：《圣母升天图》独树一帜，

与之前的威尼斯绘画大相径庭，成为托斯卡纳—罗马文艺复兴的试金石。对于提香开创的"新手法"，威尼斯知识分子、提香的第一部传记作者卢多维科·多尔奇（Ludovico Dolce）（1557年）作了如下总结："它包含了米开朗基罗的雄浑和可怖，拉斐尔的欢愉与艳丽，与大自然本身的绚丽多彩融为一体。"

■ P.154—P.157：在提香的《圣母升天图》中，圣母沿着高约7米的弗拉利荣耀圣母大教堂的高坛向天堂缓缓升起：画家以圣母的红衣照亮场景的上部，将使徒摩肩接踵的健壮身影设置于场景的下部，选择了一种完全创新的动态表达。

圣杰罗姆的圣母

1523年

科雷乔（Correggio）

帕尔马，国家美术馆

伦巴第的达·芬奇式画家［如伯纳迪诺·卢伊尼（Bernardino Luini）］，虽然其画作展现了巨大的装饰魅力，但他们仍然局限于当地艺术的发展圈，而科雷乔却在帕尔马的新颖绘画方案中取得了显著而又广泛持久的成果。科雷乔原名为安东尼奥·阿莱格里（Antonio Allegri），因他在雷焦艾米利亚境内出生的城镇而得名。达·芬奇一直是雷焦艾米利亚画家争相效仿的榜样。但在16世纪20年代，科雷乔创作的壁画巧妙地结合了其他重要范例的风格，集中体现了他个人在艺术创新方面的贡献，堪称整个文艺复兴时期最重要的作品之一，其影响甚广，远远超出了波河谷地。出自科雷乔之手的一系列作品全是令人难忘的杰作，如优雅古典主义代表作《女修道院长的房间》，呈现大胆多样的壮观姿态的《福音传道者圣约翰》，以及绘于大教堂穹顶、展现明亮多彩漩涡的《圣母升天》。

科雷乔在大型圣物作品中的创作方案也同样不容忽视。《圣杰罗姆的圣母》或许是科雷乔最著名的祭坛作品：因其弥漫的光线而被称为"白昼"，与先后藏于雷焦艾米利亚和德累斯顿、被称为"夜晚"的《耶稣夜晚诞生》遥相呼应。一方面，场景以大型人物为主，起伏的弧线、令人赏心悦目的细节、超越感性的克制……所有人物都被一种自由和谐的情感紧紧牵在一起，比如，金发的抹大拉面色平静，没有丝毫的情感波动。另一方面，科雷乔也显示出了自己的绘画技巧：他轻松地刻画了繁复大胆的姿势，巧妙地回避了单调的对称构图，不再诉诸风格主义的扭曲感和紧张感。

类似的作品还显示了画家所具有的强烈直觉，及其深度更新文艺复兴时期祭坛画的构成和情感结构的能力。科雷乔以达·芬奇的风格为基础（仅从观察圣母的面貌，

尤其是模糊轮廓的光线，便可看出这一点），画风传递出了一种甜蜜柔和、自信洋溢的情感。在柔和的金色基调上点缀绚丽多姿的色彩，从中可以瞥见巴洛克式的绘画特色，因此越来越多的人将科雷乔视为巴洛克风格的真正开创者。

■ P.158—P.161：一条从左至右的对角线均匀分割、贯穿整幅画，人物的面孔、微笑、目光和情感均匀分布在上面。画面光线在圣母子的特写上汇聚。狮子的鬃毛和抹大拉的金色卷发轻轻地飘垂在空中。这位帕尔马画家以一种柔和细致的风格完成了这幅作品。

基督生平与受难情景

1513年

高登齐奥·法拉利（Gaudenzio Ferrari）

瓦拉洛（韦尔切利），圣玛利亚感恩教堂

起初，修道院的教堂内均设有隔断墙，将神职人员的专属区域与面向所有信徒的中殿分隔开来。自反宗教改革中提出的一系列礼仪变更实施后，隔断墙遭到大范围拆除。至今仍然留存着部分类似的教堂，其中，瓦拉洛的圣玛利亚感恩教堂尤为重要，它位于通往圣山小径的起点。高登齐奥·法拉利的壁画展现了人物雄辩的姿态，其直抒胸臆的表达方式和直观的现实主义特点，标志着从取材于《贫民圣经》（Biblia pauperum）的插图到将观众融入"神圣戏剧"的过渡。整部作品构图宏大、结构复杂，沿袭了15世纪隔断墙壁的传统，数排镶板并列堆叠，生动地讲述了基督的生平及受难的经过。高登齐奥尝试运用新颖的布局方式，进行了特别的光线处理，包括一些引人入胜的夜间场景，带给人耳目一新的视觉体验。

高登齐奥居于16世纪初期最具趣味性和创新精神的艺术人物之列，这一点毋庸置疑。这位大师并未把自己局限在一个边缘地带，他走出了罗莎峰背僻静悠远的瓦尔塞西亚，积极接受外界的声音，努力抓住各种机会进行自我提升。15世纪末，他频繁涉猎米兰的艺术领域，不断加深对丢勒和北欧画家作品的了解，并在意大利中部（包括罗马）旅居。高登齐奥从罗马旅居的生活中获益匪浅，有瓦拉洛的隔断墙为证：他借鉴了佩鲁吉诺和拉斐尔的作品，巧妙地将其与热烈的透视表现和由最新考古发现中产生的古今结合的图像融为一体。他在画作《在彼拉多面前的基督》中插入的拉奥孔形象，是最早的一个拉奥孔形象（此前不久，拉奥孔刚在罗马被发现）。

在上述画作中，一个庞大的耶稣受难像占据了墙壁的中心，有其他场景的4倍大。从佩鲁吉诺到达·芬奇，艺术家一直偏好传统元素（浮雕式的头盔、铠甲和马具）和佩鲁吉诺、达·芬奇的精致新颖元素，这一点在这幅壁画中也有所体现。高登齐奥惊人的叙事能力和充满戏剧性的张力是整幅作品的重要支撑，他将所有的人物都卷入了一片宏大的情感浪潮中。他把福音书中的故事融入当下现实：在十字架底部右侧，站着两个瓦拉洛人，旁边有一只欢快的小狗和两个怀抱婴儿的甜美女人；这些和蔼可亲的日常生活形象与士兵掷骰子赌基督衣服的丑陋嘴脸形成了鲜明的对比。在壁画完成的几年后，即1517年，高登齐奥接受了来自瓦拉洛圣山的委托，开始了长达十多年的工作。

■ P.162—P.165：在瓦拉洛圣山脚下，壁画中的场景完美地呈现了耶稣的伟大受难，并以一种动人的方式展现了高登齐奥所传达的一种强烈的凝聚感，在与时俱进的精致风格和能直接感知的平民现实主义中实现了平衡。

十二星座厅

1515年

乔瓦尼·玛利亚·法尔考内托（Giovanni Maria Falconetto）

曼托瓦，阿科宫

在整个15世纪和16世纪，星占学都举足轻重，意义非凡。星座学是研究和关注的焦点主题之一，这一点也突出反映在具象艺术上。在意大利各地，特伦托的主教兼伯爵、费拉拉的博尔索·埃斯特（Borso d'Este）公爵、米兰总督吉安·吉亚科摩·特里佛齐奥（Gian Giacomo Trivulzio）、梵蒂冈教宗儒略二世、卡普拉罗拉的红衣主教亚历山德罗·法尔内塞（Alessandro Farnese）、维琴察的基耶里凯蒂（Chiericati）伯爵等人的豪宅中，都有专门为黄道十二星座和相应月份的运势而绘制的壁画。这些都是极具魅力的作品，但只有曼托瓦的阿科宫花园亭内的壁画得以完好保存。

乔瓦尼·玛利亚·法尔考内托是文艺复兴鼎盛时期多面手的典型代表：集建筑师、画家、布景师、戏剧家和古物鉴赏家于一身。他多才多艺，身兼数职，并常年辗转于罗马（他曾在罗马停留了约12年）、威尼托、维罗纳和帕多瓦之间。

曼托瓦的壁画（极有可能是受贡扎加家族的一个旁支成员之托而创作的）是法尔考内托的主要绘画成就之一。宏伟的建筑、庄严的景色、壮观的场景……画作除展现基本的用笔技巧外，还清楚地呈现了他卓绝的想象力与创造力。十二星座的隐喻场景设置于古朴的镶框大型拱门内，拱门上有明暗相间的门楣和印有帝王轮廓的圆形浮雕。在每一段故事中，占星符号都位于顶部的天空中。画作以精心绘制的庄严宏伟的建筑为背景，以黄道十二宫每个星座的古典神话为前景。画作不仅展现了绚丽多姿的色彩和趣味十足的叙事细节，还承载了崇高理智主义的人文意蕴。

■ P.166—P.169：法尔考内托结合古典参考文献、古代建筑遗迹和十二星座图像，将一年中的每个月都进行了巧妙的呈现。在这些页面上，白羊座和金牛座（分别对应3月和4月）的图案被描绘在场景的顶部。

圣毛里齐奥事迹和其他场景的壁画

1530年

伯纳迪诺·卢伊尼（Bernardino Luini）

米兰，圣毛里齐奥教堂

伯纳迪诺·卢伊尼活跃于伦巴第北部和提契诺州的多个地区，他是艺术上深受达·芬奇影响的一位最负盛名、最多产的伦巴第大师（又称"达·芬奇式画家"）。达·芬奇画派虽达到顶峰，但也止步于此：虽然风格优雅端庄，但过分拘泥于一个模式，倘若没有从外地传入的风格注入新鲜力量，便难以取得重大发展。

卢伊尼拥有一间如日方升的画室，他的儿子也在那里接受培训。在卢伊尼丰富的绘画作品中，从木板画可以看出他对达·芬奇绘画准则、范式的严格遵守，而他更富个人特色的才情则赋予了神圣壁画和世俗壁画更多的活力，尤其在16世纪30年代，精彩纷呈的叙事与欢乐祥和的面貌成为其作品中最显著的特点。米兰的圣毛里齐奥教堂是意大利最完整、最有机的建筑群，其装饰画是画家受16世纪初米兰最显赫的贵族委托所作的作品之一，当时正值斯福

尔扎公国衰落后的政治经济困难时期。这座教堂始建于1503年，是16世纪名副其实的绘画宝库，保留了文艺复兴时期修道院教堂的结构，其中一堵隔断墙将公共区域和修女区域一分为二。

这些壁画由本蒂沃利奥家族发起（在隔断墙的前端绘有该家族成员跪拜祈祷的场景），后来又由赞助侧翼礼拜堂的各个家族委托绘制。伯纳迪诺·卢伊尼主要负责这座大型装饰建筑群中最关键的部分，而其他大师则在教堂（包括公共区域和修女区域）的脚手架上轮流展开创作。在圣毛里齐奥教堂中集中展示了从16世纪一直到反宗教改革时期前的伦巴第绘画。隔断墙的两侧、礼拜堂、讲道坛和妇女楼座的墙壁、唱诗台，教堂的每一处都饰有不同艺术家在16世纪前几十年绘制的壁画。卢伊尼的绘画亮点集中体现在惊艳的叙事场景、赞助人的肖像及个别梦幻的女性形象

中。在一个与修女院相连的教堂里，端庄美丽的女圣徒成为献身生活的典范，并在绘画装饰中发挥着至关重要的作用。

■ P.170—P.173：圣毛里齐奥教堂的内部恍若一个五彩缤纷的珍贵宝箱。装饰画作主要由伯纳迪诺·卢伊尼主导，而其他大师则协助完成。在"献给圣母和圣毛里齐奥"的各种场景中还出现了被描绘成信使的画作赞助人以及比安卡·玛利亚·维斯康蒂（Bianca Maria Visconti）的肖像。

《旧约》场景镶嵌画

1522—1534年
洛伦佐·洛托（Lorenzo Lotto）
贝加莫，圣玛利亚马焦雷大教堂

洛伦佐·洛托是文艺复兴时期最伟大的画家之一，尽管如此，他长期以来未能获得大众的认可。无论在生活中还是艺术生涯中，他都深陷于痛苦和矛盾之中。与提香相比，洛托显得更加内敛、沉痛和情绪化。人们认为，在这一层面提香取得了压倒性的胜利。洛托生在威尼斯，且一直渴望在家乡扎根，然而，在威尼斯的艺术领域中，洛托在发展自我的道路上总是挫折不断，且仅有道明会修士的鼎立相助。在1513年至1526年间，洛托在马尔凯地区和贝加莫旅居，他在外地度过的漫长岁月反而成为他艺术生涯中的上升时期。在这一时期，洛托接触到了北欧文化，并在此基础上发展出了自己特有的艺术风格。他的作品都摆脱了先前传统偏见的束缚，表明了他对新教思想传播的沉思。

洛托以非凡的创作能力构思出了令人叹为观止的具象艺术作品，并在艺术生涯的关键时刻达到了顶峰。从1522年起，洛托便开始为贝加莫圣玛利亚马焦雷大教堂唱诗台的镶嵌板设计草图。教会的档案馆完整详尽地记录了多年来洛托提供的七十多幅草图。在离开贝加莫许久之后，他仍在持续创作，但有一个前提，在装饰完成后要归还原画，而这些留存下来的原图则成为其艰苦境遇的重要见证。

将洛托具有高度原创性的图画移刻到木头上的工作交由当时年轻的镶嵌艺术家焦万·弗朗切斯科·卡波菲力（Giovan Francesco Capoferri）负责。洛托这位杰出的大师将他短暂的一生都奉献给了这项事业。依托于卡波菲力创作具象艺术和叙事性镶嵌板的精湛技艺，洛托毅然决然地摒弃了15世纪基于透视和几何错觉的传统。他将镶嵌细工设想为真正的木制"绘画"，在嵌板上生动地描绘了《旧约》中的场景，呈现了不拘一格、复杂迷人的符号，甚至发展到了智力游戏、谜语和画谜的程度。四个主要场景（《诺亚方舟》

《朱迪思斩杀霍洛芬斯》《大卫与歌利亚》《法老在红海中淹没》）在唱诗台的前护栏上依次排布，这也许是意大利文艺复兴时期镶嵌工艺最后的杰作。但这些嵌板在1550年后才完成最后的组装，且与原定的顺序有较大出入，不仅增大了破译嵌板寓意的难度，还增强了它们的神秘色彩。

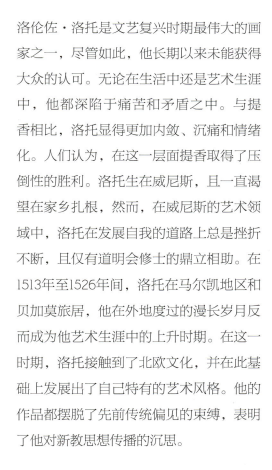

■ P.174—P.177：镶嵌艺术家焦万·弗朗切斯科·卡波菲力凭借傲人的技术与才能充分释放了贝加莫镶嵌板的创造性和想象力。第174页描绘的是法老及其军队淹没在红海中，以及诺亚将动物引入方舟的情景。后面几页则刻画的是朱迪思手提霍洛芬斯的头，以及大卫击打歌利亚的情景。

177

IV

IL PIENO CINQUECENTO
E LA "MANIERA MODERNA"

十六世纪鼎盛时期的"现代风格"

拉斐尔于1520年逝世，其时正值基督教分裂的马丁·路德改革，教皇利奥十世（洛伦佐大帝之子）已无力遏制这一趋势。几年后，教皇国道德滑坡，罗马惨遭洗劫（1527年）。

哥伦布、韦斯普奇和麦哲伦的航行加速了世界边界的扩张，新教改革掀起剧烈动荡，这一切都标志着人文意识的觉醒，它彻底改变了历史的发展进程和人们的日常生活。对部分意大利城市而言，上述影响尤为显著：比如威尼斯，它的经济发展一直立足于沿地中海路线与东方进行的贸易往来，然而，新跨洋航线的发现直接触发了激烈的贸易竞争，各方僵持不下。面对迅速变化的世界，艺术家感到亟需对表达形式与规范展开深刻的反思。此时，倡导 "人是万物的尺度"（人深受古文明的道德熏陶，懂得宽容与节制，具有高级审美，是自己历史的创造者）的人文主义神话已经开始有所动摇。最具颠覆性的革新源自佛罗伦萨：在那里，蓬托莫（Pontormo）和罗索·费奥伦蒂诺（Rosso Fiorentino）从研究米开朗基罗和拉斐尔的作品开始着手，就传统模式展开了剧烈变革，开始采用扭曲的人物姿态和朦胧夸张的表达方式。一场新的运动（即 "风格主义"）就此诞生，它将成为16世纪的主要艺术潮流。意大利南北虽处在同一时代，但在艺术技巧和形式上又彼此独立。

北方发展出了一种与众不同的艺术风格，在1520年左右，各城镇艺术家展开了宏伟的装饰工程，并号召民众一同参与进来。其中，托斯卡纳风格主义者所提倡的主知论（主张理性是衡量知识的最终标准）成为一种全民运动：瓦拉洛高登齐奥·法拉利、克雷莫纳波德诺内（Pordenone），尤其是帕尔马科雷乔的壁画，揭开了巴洛克时期一系列最动人的杰作的帷幕。

随着16世纪的发展，米开朗基罗和提香等长寿艺术家做出表率，将观众导向一种统一的品位和主题场景。在穹顶壁画完成近三十年后，米开朗基罗重返西斯廷礼拜堂，在《最后的审判》中呈现了人类历史最终的可怖史诗；而卓越的国际艺术家提香则着力于为掌权者刻画一系列经典肖像。

1550年，乔尔乔·瓦萨里编纂的《艺苑名人集》（第一版）是文艺复兴鼎盛时期一块重要的文学纪念碑。除对几十位艺术家的生平及作品进行空前丰富翔实的叙述外，瓦萨里还对艺术史进行了极富个人特色的阐释：他将其视为一种渐进式的发展，从中世纪的漫长危机开始，逐步走向古典模式的复兴，随后进入一个完全成熟的时期（ "现代风格" 诞生），最终以米开朗基罗的杰作达到顶峰。米开朗基罗在三大 "设计艺术"（绘画、雕塑和建筑）

中均享有无可超越的大师地位。

在16世纪中期，威尼斯艺术和建筑到达了顶峰。丁托列托和委罗内塞两位大家平分秋色，游刃有余地处理了各类大型项目，甚至还在订购者之间掀起了一场竞争，促使他们争相提出更为苛刻的画作要求。委罗内塞偏好围绕中心轴线设置简单的透视场景，在其中穿插众多人物，频繁采用相同的轮廓场景和引人入胜的故事情节；丁托列托则善于设计难以捉摸的空间结构，在其中随意插入各式各样的人物，并以光线烘托人物的激烈情感。

自特伦托会议之后，意大利艺术根据反宗教改革的规定，在主题、技法和风格层面进行了彻底的革新。艺术家开始呼吁所有人与艺术展开 "对话"，在布雷西亚、贝加莫、博洛尼亚、威尼托腹地和马尔凯等艺术中心，绘画作品都敦促人们重拾人性温度、直接感知现实，为卡拉瓦乔（Caravaggio）的现实主义提供了先例。

- P.178：在曼托瓦得特宫最富盛名的房间内，由朱里奥·罗马诺（Giulio Romano）设计并绘制的壁画中，呈现了巨人黯然神伤的目光。
- P.180：在马塞尔巴尔巴罗别墅的奥林匹斯大厅里，年轻的文人在委罗内塞绘制的阳台上眺望。

182

从十字架降下耶稣

1521年

罗索·费奥伦蒂诺（Rosso Fiorentino）

沃尔特拉（比萨），市立艺术馆

查理五世当选皇帝、新教分裂、拉斐尔辞世、野心勃勃的西班牙人征服了阿兹特克帝国、土耳其人压力日益增长……1519年至1520年是一个重要的时间转折点，其间发生了一系列改变历史进程的事件。而意大利艺术则以深刻的变化诠释了这一转折点，这首先体现在一群托斯卡纳年轻艺术家的作品中。米开朗基罗重返佛罗伦萨，为圣洛伦佐新圣器收藏室中的美第奇陵墓创作雕塑，将人们期待已久的风格转变引向成熟。16世纪前20年，达·芬奇率领众多意大利大师逐步开创了瓦萨里口中的"现代风格"，这种风格现今已经发展为"风格主义"。风格主义作为一段硝烟四起和艰难困苦时期的代表，在超自然的神秘构图中插入了充满戏剧张力、错综复杂的人物姿态，开创了一种特有的艺术范式。

蓬托莫和罗索·费奥伦蒂诺从研究米开朗基罗和拉斐尔的作品开始，对传统展开了大刀阔斧的革新。在他们的笔下，人物总是呈现出扭曲的姿势，具有一种朦胧且戏剧性的表达力。画面构图完全摒弃了15世纪绘画的规则、透视和对称结构，不再设立任何稳定的参考点。画中人物被置于一个铅色、梦幻而不确定的空间内，呈现出矫揉造作的姿态和轮廓。

罗索·费奥伦蒂诺的杰作，即绘制于沃尔特拉的大祭坛画，是早期托斯卡纳风格主义的代表作之一。画中人物剧烈变形，再配上鲜艳亮丽的金属浮雕技法，显示出一种令人惴惴不安的侵略性。场景发生在一个相对独立的空间，没有任何技术参考点，一切仿佛笼罩在一片饱满的青灰色的天空（天空就像一个虚构的斗篷）下。构图以一个由楼梯和抛光木板组成的虚拟脚手架为主导；顶部人物呈现出极不协调、扭曲的姿态，底部人物则表现浮夸，似乎被定格在原地，绝望而静默。在画面左边，玛利亚神情麻木，两个女人搀扶着她，而抹大拉则扑向她的双脚。掩面而泣的圣约翰庞大而动人的形象被推至前景，在画面右边占据主导地位，并与左边的妇女群体形成了强烈的不对称感。这幅作品位于沃尔特拉，与16世纪的伟大艺术中心相比虽处于相当边缘的位置，但罗索·费奥伦蒂诺的祭坛画将被后世视为一个典范，得到整个16世纪艺术家的反复钻研与重视。

■ P.182—P.187：这幅藏于沃尔特拉的张力十足的祭坛画是神圣绘画史上的一个转折点。罗索·费奥伦蒂诺以饱满而虚幻的青灰色为背景，用画笔将人物的动作、姿态和表情一并牢牢锁住，给每个角色都注入了一种令人难以承受的紧绷感。

圣母探访

1528—1529年
蓬托莫（Pontormo）
卡米尼亚诺（普拉托），圣米凯莱教区教堂

从16世纪20年代起，风格主义绘画便承担了表现一段硝烟四起和艰难困苦时期的使命，它将人物形象牢牢封锁在极富表现力的姿态中，实现了一种超自然的神秘构图，塑造出了16世纪初的绘画特点。蓬托莫是风格主义最典型的代表者之一，因为其作品不仅极具独创性，还传达出了内心世界的纷乱不安。

在这一阶段，人文主义所倡导的平衡、比例和几何学研究已被完全摒弃，或许是受到宗教改革的推动（米开朗基罗对宗教改革十分热衷），蓬托莫从精细入微的图形训练着手，通过细致精巧的红粉笔画，开创了一种旋律紧绷、富有戏剧性的、全新的神圣绘画。这幅祭坛画仿佛描绘了一场悲剧性的芭蕾舞，悲痛欲绝的人物在一个十分空旷、没有任何参照物的空间里徘徊。蓬托莫所作的大量肖像画同样具有鲜明的独创性：人物静止不动，背景封闭，

色彩夸张，富有金属感。达·芬奇曾经通过朦胧柔和、生气勃勃的绘画所宣扬的"情绪表达"，现在已然被禁锢在了一副端庄适度的面具背后。

卡米尼亚诺教区教堂是一个小型的乡村教堂，虽然它处于一个边缘位置，但是蓬托莫依然凭借其中的这幅祭坛画在表现力和创新方面向艺术界发起了挑战。在卡米尼亚诺教区教堂的《圣母探访》中，叙事结构更加简单明了，不安的情绪渲染并未减少半分。在托斯卡纳文艺复兴时期的艺术作品中，福音书中关于玛利亚和伊丽莎白这对同为孕妇的表姐妹之间的会面情节，已多次被一种深情的人性化方式加以呈现。但是以往的画作中都弥漫着一种人性的温情，蓬托莫打破了以往所有肖像画的惯例，铺设了一个阴暗静默、恍若幽境般的城市场景。在前景中，两个女人臃肿而庄重的侧身像高高耸立；在她们身后，恍

若玄奥的复刻一般，出现了同样的两个人物的正身像，目光望向观众。这构成了一个扣人心弦的亮点，让观众也能够参与到与艺术作品互动的绝妙游戏中。

在摒弃15世纪将绘画作为现实的开放"窗口"的传统模式后，蓬托莫催生了一种诠释"现代风格"（乔尔乔·瓦萨里为16世纪艺术创造的表达方式）的新方法：不再对自然世界进行模仿，而是由艺术家自主创造"自然"。

■ P.188—P.191：蓬托莫与友人罗索·费奥伦蒂诺不约而同地摒弃了人物的动态，将人物定格在一个阴森的场景中。完美的画面布局、沉浸式的静默以及锐利的目光为这一场景赋予了一种神秘的仪式感。

伊莲诺拉·迪·托雷多和其子乔瓦尼的画像

1545—1546年

阿尼奥洛·布伦齐诺（Agnolo Bronzino）

[又称阿尼奥洛·迪·科西莫·迪·马里亚诺·托里（Agnolo di Cosimo di Mariano Tori）]

佛罗伦萨，乌菲兹美术馆

作为蓬托莫的年轻学徒兼合作者，阿尼奥洛·布伦齐诺成为第二代托斯卡纳风格主义的主要人物：在他那里，早期的革新风格被转化为权力的视觉表现。绘画的历史与政治进程完全吻合，当时正处于一个冲突不断、风云迭起的历史阶段：在1529至1530年间，佛罗伦萨惨遭围困，之后随着美第奇家族的复辟"恢复秩序"，佛罗伦萨已不再是一个共和国，而成为一个由帝国控制的大公国。统治阶级权力的加固被巧妙地转化至显赫肖像画的形象上。1539年，在科西莫一世和伊莲诺拉·迪·托雷多（Eleonora di Toledo）的婚礼上，布伦齐诺成为佛罗伦萨大公国家族的御用肖像画师，为各个成员绘制了一幅幅构思精巧、形式优美的杰作。

在众多美第奇家族成员的画像中，献给

伊莲诺拉·迪·托雷多的那幅画最引人注目。布伦齐诺以庄严肃穆、繁华富丽的宫廷贵族式的笔触对人物肖像进行了刻画。在画中，伊莲诺拉身着炫目的精美服饰坐在儿子乔瓦尼身旁。画中人物岿然不动，呈现出完美无瑕、几乎失真的外表，和他们纹章上的象征符号如出一辙。这幅凛若冰霜、寓意深刻的画作极富魅力，给人留下了深刻的印象。

画家以浓重的色彩和光滑的笔触铺设了晶光闪耀的画面背景，仿佛由青金石制成一般。公爵夫人一动不动地坐在那里，恍若一个瓷质人偶一般，完美无缺而又熠熠生辉。小乔瓦尼也被定格在原地，他面露惊愕，神情稍显不自然，双目圆睁，一只小手蜷缩在母亲的衣襟旁边，另一只手则慌乱地寻找着母亲的一丝温暖与爱意。经分

析，这套瑰丽服饰的每一处细节与伊莲诺拉的下葬服饰别无二致，这一点已从墓葬中发现的织物碎片得到确认。这进一步论证了人们的观点：布伦齐诺想将伊莲诺拉的形象定格于时间之外，超越其作为一个女人的本质，以一个至高无上、具有象征意义的精致"偶像"呈现在大众眼前，以示永恒。

■ P.192—P.195：美丽、傲慢的公爵夫人伊莲诺拉·迪·托雷多坐于她的儿子身旁（她总共诞下11个孩子）。据推测，这个儿子极有可能是未来的红衣主教乔瓦尼·迪·科西莫一世·德·美第奇（Giovanni di Cosimo I de' Medici）（生于1543年）。公爵夫人精妙绝伦的服饰和珠宝，光洁明净、不动声色的高贵面庞，以及色彩饱满的背景构成了这幅杰作，使该作成为整个文艺复兴时期最具代表性的王朝肖像之一。

巨人厅

1531—1536年

朱里奥·罗马诺（Giulio Romano）

曼托瓦，得特宫

在朱里奥·罗马诺为曼托瓦的贡扎加宫廷服务的漫长而多产的艺术生涯中，最完整、最著名的作品当属得特宫（1527—1534年），它是一座位于老城边缘的"享乐别墅"。作为欧洲风格主义的重要典范，得特宫在建筑和装饰两个层面都呈现出令人眼前一亮的创新性。

得特宫是一座方形的单层建筑，围绕一个宽敞的中央庭院建造而成。在主立面和朝向花园一面的中央摆着庄严的三角形花坛，这显然是受古典主义的启发。但宫殿的总体外观显得格外质朴无华：外墙用简单的砖块建造而成，为模拟粗凿的巨大石块，朱里奥·罗马诺在墙壁上涂上了一层厚厚的灰泥。在得特宫的整体装饰中，朱里奥·罗马诺运用了他早年与拉斐尔共事时学会的团队合作策略：画师主管发明与创新，而画作的具体实施则交由助手与合作者负责。朱里奥·罗马诺别出心裁，

独辟蹊径，灵活运用了透视法与光线明暗交替法，巧妙地将灰泥与壁画两种装饰性元素以及文学主题和王朝庆典融合在一起，制订出了一份十分大胆的解决方案。宫殿的主人费德里科·贡扎加（Federico Gonzaga）常常自诩朱庇特，这也解释了画中为何会出现"众神之父"及老鹰（代表费德里科·贡扎加的标志性动物）的神话元素。在宫殿那间最大的房间内，墙壁上还绘有贡扎加马厩饲养的纯种马的壁画"肖像"；在普赛克（Sala di Psiche）厅中，天花板由多块镶板拼接而成，充分展现了透视与光线的效果，大肆颂扬了爱情的美好与飨宴的乐趣。

赫赫有名的巨人厅内的装饰在1531年至1536年间完工。仅大厅的入口便亮点十足，几乎没有门框：参观者难以察觉真实空间与绘画建筑、现实与幻象之间的直接关联。在房间的穹顶上，一个令人眩晕的幻象透

视里，朱庇特投掷了无坚不摧的雷电，而受其碾压和电击的巨人显露出孔武有力的身躯，或许也可以被视为一种对米开朗基罗雕塑造型的滑稽模仿。跌倒在地的巨人压倒并摧毁了各个建筑，顷刻间只剩断壁残垣：轰然倒塌的建筑元素与坚如磐石的宫殿形成了鲜明对比。画中出现了非常先进的建筑结构和装饰图案，却因战乱被毁坏殆尽，这足以象征文艺复兴时期的动荡与波折，同时也完美诠释了风格主义派内心的焦灼与不安。

■ P.196—P.201：在朱里奥·罗马诺的笔下，得特宫被设想为一个宏伟壮观的娱乐场所，在这里人们时常举办各类庆典，承载了诸多的惊喜与感动。其中，巨人厅无疑是最受瞩目的一部分。在天花板的顶部（第196页），朱庇特向巨人投掷毁灭性的雷电堪称一场灭顶之灾，从中不难看出这是对1527年罗马被劫的一个隐喻。

巨人的陷落

1531—1533年
佩林·德尔·瓦加（Perin del Vaga）
热那亚，多利亚宫（普林西比别墅）

16世纪初，整个欧洲局势动荡，冲突不断。1527年，查理五世大帝率领德国雇佣军洗劫罗马，以教皇克莱门特七世为首的精致时代戛然而止。罗马在不设防的情况下遭受了长达数月的蹂躏，城内数千人身亡，教堂和宫殿纷纷被拆除，被摧毁的艺术珍品无法估量。教皇在慌乱之际放弃了梵蒂冈宫殿，逃至圣天使堡避难。当时，依靠兜售赎罪券获得建造资金的圣彼得教堂的建筑工地也遭受了劫掠，大教堂的珍宝被洗劫一空，圣物受尽摧残，四处流散。在深受宗教改革冲击的基督教中，此次 "洗劫" 成为一个与它休戚相关的时代转折点：对天主教徒而言，此次洗劫无疑是一场巨大的灾难；于新教徒而言，则是对教廷腐败堕落的公正惩罚。如此极端混乱的局面致使人群四散，直接推动了精致的风格主义的传播。这一艺术模式被传至意大利乃至欧洲各地，成为野心勃勃的领主们的首选风格。

安德烈亚·多利亚（Andrea Doria）上将在热那亚共和国掌权，接任终身总督，并对共和国的政策进行改革，对欧洲列强实施谨慎的财政战略。1528年，安德烈亚·多利亚试图以建筑和具象形象宣扬新政，便把拉斐尔工作室最重要的合作者之一佩林·德尔·瓦加召至利古里亚，这是热那亚艺术向贵族化、精英化风格主义转变的一个转折点。

普林西比别墅，即安德烈亚·多利亚在郊区的华丽住所，则成了一个艺术活动的中心。佩林在那里绘制了一系列古色古香的庆典壁画，足以与朱里奥·罗马诺在曼托瓦得特宫的作品比肩。庄严繁复的姿势、宏伟的构图、明亮的色彩、壁画和灰泥的精妙结合……这些画的特点很快便被热那亚贵族所接纳，他们纷纷委托画家对其豪华住宅进行装饰。在这一过程中绘画技法得到了进一步的发展，开创了一种历史较久的装饰风格，塑造了一座座美轮美奂、富丽堂皇的建筑。

■ P.202—P.205：离开拉斐尔的学院后，佩林·德尔·瓦加在热那亚找到了发展他创作建筑群大型装饰才能的最佳场所。为安德烈亚·多利亚绘制的壁画虽然缺乏朱里奥·罗马诺壁画那样动人的情感，但刻画了众多精致优雅的人物形象。

世界地图之屋

1574年

拉法利诺·达·雷焦、乔瓦尼·德·维基
（Raffaellino da Reggio e Giovanni de' Vecchi）
卡普拉罗拉（维泰博），法尔内塞宫

1502年，红衣主教亚历山德罗·法尔内塞（Alessandro Farnese）（也是即将上任的教宗保罗三世）从圣彼得的遗产（即教皇国）中购置了卡普拉罗拉的领地。小镇曾经归安圭拉家族所有，从契米尼山坡上可以俯瞰到它的全景。亚历山德罗·法尔内塞将财产留给了亲生子女，并下令按照安东尼奥·达·桑迦洛（Antonio da Sangallo）的设计建造一个五边形堡垒。整个结构气势恢弘，令人望而生畏。以保罗三世的身份登上教皇之位后，他立即筹备建立卡斯特罗的法尔内塞公国，并将卡普拉罗拉也纳入其中。1559年，教宗保罗三世的同名长孙——红衣主教亚历山德罗·法尔内塞雄心勃勃，开始建造宏伟的家族别墅，这座建筑终成为欧洲文艺复兴后期最重要的建筑之一。

雅各布·巴罗齐·达·维尼奥拉（Jacopo Barozzi da Vignola）保留了桑迦洛设定的巨大五边形，形态坚如磐石，令人望而生畏，但他还在此基础上做出了一系列关键性的改动。整个建筑群恍若一块热闹非凡的大阶梯，以风景如画的卡普拉罗拉镇为背景，别墅位于小镇最顶端，穿过中间那片宏伟的广场便可抵达。随后，他在宫殿的圆形庭院、内部结构、装潢设计和后花园上付出了许多心血，其奢华瑰丽与典雅精致令人叹为观止，足以与法尔内塞家族所熟知的教皇寓所媲美。在电影拍摄中，这座别墅是梵蒂冈的经典取景地。二十多年来，众画家、泥水匠和装饰师们轮流在宫殿主楼的房间里有条不紊地工作。宫殿内的13个房间组成了一个奇妙序列，涵盖了十分丰富的主题，上至古典神话，下至法尔内塞家族的辉煌功绩。人文主义者安尼巴尔·卡洛（Annibal Caro）（即荷马作品的知名译者）则为这一项目提供了大力支持。冬厅的最后一个房间是"世界地图之屋"，它一边朝向周围壮丽的风景，另一边朝向内院的阳台。1574年，拉法利诺·达·雷焦和乔瓦尼·德·维基在地理学家乔瓦尼·安东尼奥·达·瓦雷西（Giovanni Antonio da Varese）的指导下一同为其绘制了壁画。墙上挂着一系列精美绝伦的地图，它们记录了16世纪高峰期的最新地理知识。房间内设有马可波罗、克里斯托弗·哥伦布（Cristoforo Colombo）、费尔南多·科尔特斯（Fernando Cortés）、亚美利哥·韦斯普奇（Amerigo Vespucci）和费迪南·麦哲伦（Ferdinando Magellano）的肖像，这些伟大的航海家、征服者和探索者因其新发现而受到大力赞扬。天花板的构思玄妙入神，仿佛一片璀璨的星空，星座在其中熠熠生辉，凝聚了无尽的想象力，充分呈现了黄道十二宫的形象以及复杂的占星学典故。

■ P.206—P.209：红衣主教亚历山德罗·法尔内塞的宏伟住宅位于卡普拉罗拉，是文艺复兴后期民用建筑的伟大成就之一。在雅各布·巴罗齐·达·维尼奥拉创造的令人望而生畏的五边形内，分布着一连串令人惊异的饰以壁画的房间。在这里，世界的大地图徐徐展开，与漫天繁星和黄道十二宫相互映衬。

圣母领报

1592—1596年

费德里科·巴罗奇（Federico Barocci）

阿西西（佩鲁贾），天使与殉道者圣母大殿

巴罗奇的祭坛画是对特伦托会议关于神圣艺术的"指示"的积极响应。巴罗奇深受乌尔比诺和拉斐尔艺术遗产的熏陶。在他青年时期的作品中，我们能够感受到科雷乔的精致与优雅。不仅如此，他还融合了16世纪威尼托画派的特色，以温暖色调点缀了系列作品。精致的主知论和晦涩的风格主义被简单明了、通俗易懂的图像取而代之。

一时间"圣母领报"的主题蔚然成风，众画家争相再现这一作品。在这幅画中，巴罗奇推出了一种静谧和谐的艺术方案，这与前几十年的画家（如贝卡福米和洛托）的风格大相径庭，形成了十分鲜明的对比。前期的画家侧重刻画圣母玛利亚的满面愁容，而在巴罗奇的笔下，玛利亚的房内一片平静与安宁，家猫在椅子上幸福地酣睡，这不仅烘托了家庭的宁静，还体现了反宗教改革时期神学家对和平安宁的深切祈盼。如此构图使人们不再将"圣母领报"理解为一个奇异事件，而将其视为一个日常生活中每天都在上演的普遍场景。画家在构图上煞费苦心，人物的眼神和手势之间具有微妙的关联，在彼此之间构建起了一种亲密的观照，这充分揭示了画家对构图的用心钻研。巴罗奇采用暗淡的灯光和柔和的色彩（逐渐淡化为画家钟爱的浅粉色调），将这一神圣主题转化为亲密细腻的家庭氛围。不仅如此，他还在画中加入了一个熟悉的元素：画作的背景不是以往的拿撒勒，而是乌尔比诺的公爵宫。该地是巴罗奇的家乡，画家在罗马旅居后曾回到这里居住。

■ P.210—P.211：在椅子上安睡的小猫展现了费德里科·巴罗奇对现实的关注。他的作品总是饱含深情，充满浓厚的诗意，完美呈现了16世纪末神圣绘画的发展趋势。

神圣对话

1521年
乔瓦尼·杰罗拉莫·萨沃尔多
（Giovanni Gerolamo Savoldo）
特雷维索，圣尼科洛教堂

16世纪前几十年所发生的历史事件深刻影响了贝加莫和布雷西亚两个地区的文化走向：这两座伦巴第城市与米兰切断了艺术层面的交流，转而把目光投向威尼斯。部分居住在伦巴第东部的艺术家迁至威尼托，其中最重要的人物当属来自布雷西亚的乔瓦尼·杰罗拉莫·萨沃尔多。他先后在帕尔马（在那里他加入了医生兄弟会和药剂师兄弟会）和佛罗伦萨做过学徒，并于1520年左右搬至特雷维索。其间，这位艺术家一直留在威尼斯，直到1548年去世。与此同时，他也始终与故乡的赞助人保持着密切联系。萨沃尔多以极其敏锐的感知力，在发源地伦巴第的饱满现实主义和新兴地威尼托的丰富色彩之间找到了一种平衡，一种富有沉思感的绘画应运而生。其中（尤其是在为私人收藏而作的中型画布中）可以窥见乔尔乔内的影子及卡拉瓦乔的前期创作风格。

萨沃尔多在特雷维索圣尼科洛教堂的大祭坛创作祭坛画《神圣对话》，就此开启了他在威尼斯的职业生涯。这幅画最初是由修士马科·彭萨本（Fra Marco Pensaben）（一位鲜为人知的威尼斯画家、乔凡尼·贝利尼的追随者、道明会的成员）以一种较为守旧的方式进行创作，却未能顺利完工。萨沃尔多依照传统风格，仅用一个月便完成了这幅雄浑的祭坛画，令订购人惊叹不已。从特雷维索的《神圣对话》中，我们也能够观察到一个十分有趣的风格转变。总体而言，画作构图仍沿用了15世纪的手法，人物在拱门内对称排列，圣母的宝座位于画面最高处，不禁让人联想到传统的金字塔结构。建筑元素刻画准确，但略显僵硬；在人物的处理上，萨沃尔多则表现出了更蓬勃的力量，具有更强的表现力，采用了更加细腻的光线。坐在宝座台阶上的俊美的音乐天使沉浸在弹奏中；琉特琴仿佛被太阳的光

芒所温暖，白袍上的褶皱清晰可见，是对画家明暗对比处理手法的最佳呈现。

■ P.212—P.215：由于要接替另一位画家进行创作，萨沃尔多必须保持总体结构协调一致。在个别细节的处理上，萨沃尔多则体现出更浓重的个人色彩，比如圣徒在谈话中憔悴空洞的面容，或音乐天使清澈明媚的形象，画家借助光线的明暗对比在天使宽松的白色长袍上塑造了清晰可见的褶皱。

法利赛人西门的盛宴

1550—1554年
莫雷托·达·布雷西亚（Moretto da Brescia）
布雷西亚，卡尔切拉的圣玛利亚教堂

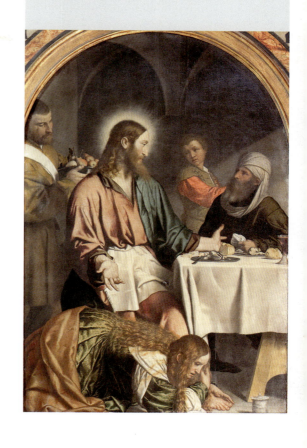

从15世纪初开始，布雷西亚和贝加莫的领土（一直到阿达河的边界）都受最尊贵的威尼斯共和国管辖；然而，在文化领域，伦巴第东部地区仍与米兰保持联系。直到16世纪初，在历史环境因素的促进下，两地对威尼托的文化转向威尼斯地区。然而，与此同时，其独特、自主的地方形象文化特征也得以突显。布雷西亚画派的色彩在16世纪变得异常饱满，几乎身处同一时代的三位大师——基诺莱蒙·罗曼尼（Girolamo Romani，又名罗曼尼诺）、亚历山德罗·邦维奇诺（Alessandro Bonvicino，又名莫雷托）以及乔瓦尼·杰罗拉莫·萨沃尔多，足以对这一风格进行高度概括，他们以一种现实主义手法诠释了威尼托艺术。

当萨沃尔多移居威尼托，罗曼尼诺辗转于各地时，莫雷托这位多产的艺术家则主要活跃于布雷西亚地区，深受当地贵族的器重，多次负责肖像画、私人圣徒崇拜画，尤其是祭坛画和神圣题材的创作。尤其是在他职业生涯的后期，我们应当将其尊为反宗教改革绘画中革故鼎新的一位先锋。莫雷托的风格十分安宁平和，他仍然遵循伦巴第画派参照自然现实的传统。在此基础上，他还借鉴了威尼托元素、佛兰德斯画派和拉斐尔的典雅、正统的特色，借马坎托尼奥·雷蒙迪（Marcantonio Raimondi）之手，通过其巧夺天工、广为流传的雕刻作品将个人审美呈现在大众眼前。

莫雷托在布雷西亚的许多作品都得以留存，当地的部分教堂俨然成为画家的小型个人画室。在卡尔切拉的圣玛利亚教堂的这幅画中，忏悔的抹大拉用珍贵香膏为基督洗脚的姿态直接来源于罗曼尼诺三十年前曾处理过的类似题材，但莫雷托选择了一种更加宁静、日常的语调，赋予了画作一种鲜明的个人特色，例如，基督膝盖上的餐巾被刻画得非常逼真，十分贴近现实。无论是简易的构图，从右边照射过来的光束，还是大量的静物细节（鱼、面包、餐具、水果盆作为日常现实的具体表现，不仅展现了画家的卓越才能，还体现了其对光线明暗变化的潜心研究），都可以从中预见后期卡拉瓦乔的灵敏感知力。

■ P.216—P.219：在隐蔽的布雷西亚教堂的祭坛画中，莫雷托真诚而深刻的现实主义表现风格达到了顶峰。画中运用了相当敏感的色彩表达，从基督形象的灰暗柔和的色调转向抹大拉金光闪闪的服装，进一步烘托了简单真实的人类情感。

219

在伊默斯的晚餐

1538年

雅各布·巴萨诺（Jacopo Bassano）

奇塔代拉（帕多瓦），主教堂

在16世纪最后几十年的绘画中，意大利画家逐渐开始对贵族化、理想化的极致风格主义审美疲劳。不仅如此，他们还将日常生活作为其创作主题和模型，渴望塑造一种更直观、更自发、更感性的绘画风格。这种风格被定义为 "自然主义"（最初含有讽刺之意），与 "理想" 之美相对。风格主义是托斯卡纳—罗马文化的典型表现，而自然主义则起源于意大利北部，主要风靡于威尼托、伦巴第和艾米利亚之间，仅在短短几年内，便涌现出了这一风格伟大的诠释者——卡拉瓦乔。

在16世纪威尼托艺术中，有一位举足轻重的人物——雅各布·达·蓬特（Jacopo da Ponte），他又被称为巴萨诺，因其故乡小镇而得名。巴萨诺出身于绘画世家，他一生中的大部分时间都在小镇上度过，是城镇绘画风格的倡导者。他不仅在伟大的神圣绘画的传统主题上取得了巨大成功，还非常善于捕捉日常现实生活中的微小细节，把田园和农家生活搬上了文艺复兴晚期的艺术舞台。巴萨诺并未闭门造车，他通今博古，充分借鉴了各类最新的文化参考资料，突破了威尼托艺术的框架：一方面，他积极地从北欧和罗马文艺复兴时期艺术家的复印画和素描中汲取灵感；另一方面，他也和萨尔维亚蒂（Salviati）、帕米贾尼诺（Parmigianino）及整个风格主义艺术圈保持着紧密的联系。巴萨诺在创作中时而关注场景的描绘，时而吟咏斟酌乡村人物形象的构造，不仅对色彩和光线进行了独创的研究，还对有关 "基督生平" "耶稣受难" 的主题与瞬间进行了高度个人化的图像诠释。

在光线的处理上，巴萨诺与丁托列托大相径庭：丁托列托的光线充满了戏剧性和冲突；而巴萨诺的光线处理显得较为轻柔和缓。取自农村现实的细节和人物使画布与自然现实紧密相连，不仅体现在日常生活场景中，还体现在神圣主题画作中。雅各

布·巴萨诺以一种极为个人化的方式呈现了提香后期艺术活动中的浓重色彩，采用了极其丰富的色彩与组合，在16世纪下半叶掀起了一股自由、清爽的新风格；相比之下，神圣主题画作则被过多的条条框框所束缚。巴萨诺在这幅画中描绘了一个朴实无华的小酒馆的内部环境，并将注意力引向围着围裙的旅店老板的魁梧形象上，而非聚焦于《路加福音》中的三个主人公（基督向两个路人显现的动人场面）身上。他至少在三幅作品中都采用了相同的构图，但在奇塔代拉主教堂的画布才是最佳版本。雅各布·巴萨诺最爱的小猫Meneghetto出现在桌布下，仿佛捕食者一般，从巢穴中小心翼翼地探出头来，这只小猫的形象多次出现在他的其他画作中。

■ P.220—P.223：雅各布·巴萨诺将《在伊默斯的晚餐》的诗意情节设置在一个乡村旅馆中，充满了现实、轻松且温馨的氛围。在朴实无华的餐具、简单美味的菜肴、家畜和面带欣喜的旅馆老板面前，基督向两个信徒显露了自己的真实身份。

圣马丁日

1585年
文森佐·坎比（Vincenzo Campi）
克雷莫纳，"阿拉·彭左内"市立博物馆

在意大利乡下，根据传统，11月11日（圣马丁日）是农庄租约到期的日子，因此也是举家搬迁或转移到其他农场的一天。文森佐·坎比出身于克雷莫纳的一个绘画世家，这个家族专门从事神圣主题宗教绘画。然而他最擅长的是描绘日常生活场景，笔下的人物、场景和物品都取材于人类现实世界，因此能够给观众以极大的熟悉和亲近感。《圣马丁日》是克雷莫纳现存的唯一一幅画作，它由五幅大型画布组成（尺寸相似，约220cm×140cm），描绘了市集、厨房及大众生活场景。坎比作品的亮点在于：他并未局限于"秀丽的风景画"或诙谐幽默的画风，而是保持一贯严肃谨慎的钻研态度不断进取。这一点，《圣马丁日》中宽广而有深度的风景画（画中还有在磨坊附近的洗衣妇）可以予以佐证。在一个愁云惨雾的日子里（映衬了被迫搬家的农民如同候鸟迁徙一般惆怅的心情），一家人正忙着搬动餐具、劳作工具和家庭用品，堆放在农舍外。一匹驮货马不急不躁地立在原地，即将驮着一大堆摇摇晃晃的货物（家具、锅碗瓢盆、筛子等）缓缓前行。坎比对静物的再现和叙述细节的关注向当时初显端倪的静物画流派迈出了重要的一步。正是凭借着这种端庄肃穆感，这位克雷莫纳大师才成为艺术改革的先驱。文森佐·坎比在观众与图像之间建立了直接的联系，这种创作态度属于反宗教改革时期波河谷文化背景的一部分，足以与雅各布·巴萨诺在威尼托的创举相提并论。这个场景包含了普通民众的宗教活动与现实生活，标志着以自然主义画风著称的卡拉瓦乔和倡导"自然"绘画的博洛尼亚画家阿尼巴尔·卡拉齐（Annibale Carracci）艺术的开端。

■ P.224—P.227：只有将文森佐·坎比作品细节与同时期佛兰德斯绘画中厨房、集市的场景相比较，才能理解这位克雷莫纳画家作品的创新意义。文森佐·坎比以对现实的清醒体悟描绘了真实的乡村生活，此时静物画流派已初显端倪，并从16世纪开始风靡。

奥林匹斯大厅

1560年

保罗·委罗内塞（Paolo Veronese）

马塞尔（特雷维索），巴尔巴罗别墅

巴尔巴罗两兄弟学富五车、家财万贯，他们的别墅于1560年左右在马塞尔建成，位于特雷维索丘陵的第一块高地，极有可能是安德烈亚·帕拉迪奥设计的最重要的别墅作品。这座建筑与大自然完美地融合在一起：在宽阔的主墙前面，土地以一条长长的林荫道为轴心向周围延伸展开；别墅的背面，则是一片令人心旷神怡的茂密树林。这座带庭院的建筑以经典的三角楣为标志，以四根高大的爱奥尼式柱作支撑，两侧连接着长长的单侧廊（被称为 "barchesse" 结构），不仅具有较强的实用功能，而且宏伟壮观、令人瞩目。从正面看，中央的别墅似乎是一栋扩宽的建筑，但当人们走近它时，会看见中央建筑的立方体块从单侧廊中凸显出来。

令人出乎意料的是，这座别墅位于一个斜坡上，内部豪华的公寓未被设在主墙的入口处，而是位于别墅的第二层。别墅背面的空地设有喷泉和私人花园（半

圆形回廊），并饰以精致的神话主题灰泥浮雕［出自亚历山德罗·维托利亚（Alessandro Vittoria）之手］，与公寓交相辉映。

房间里装饰着保罗·委罗内塞的华丽壁画，这是文艺复兴后期意大利绘画的杰作之一。由于安德烈亚·帕拉迪奥设计的结构明亮宽敞，布置合理有序，委罗内塞得以在开阔的空间和精心布置的房间里潜心工作。通过对壁炉、切边和灰泥门的有机组合，委罗内塞将装饰与建筑融为一体。在房内，委罗内塞以实际的墙壁结构为基础，叠加了一个新的绘画建筑网格，还配备了门、窗、壁龛、栏杆等陈设。他巧妙地运用了视错觉，为观赏者呈现了一场使人仿佛身临其境的视觉盛宴。

壁画主题主要遵循一个繁复的图像设计方案，以别墅背面大厅里12位奥林匹斯主神的封神典礼收尾。虽是深奥的神话故事，

但艺术家却能将每一个寓言转化为真切可感、神采飞扬的人物。总体而言，这组壁画旨在借神话主题展现农业劳动的盛况。画家运用了无尽的光学技巧和有趣的错视画（trompe l'oeil，"眼睛的把戏"），如从敞开的门里向外望去的小女孩、假窗自然风景、活泼的小狗与画家的拖鞋。这些元素都与宏伟的男性和女性形象相映成趣，呈现出一种蓬勃饱满、令人愉悦的美丽形象。委罗内塞技艺绝伦超群，他能够通过具体逼真的形象、令人心潮起伏的轮廓以及一目了然的构图将精心构思的智慧寓言呈现在大众眼前。

■ P.228—P.231：保罗·委罗内塞的壁画在马塞尔帕拉迪奥设计的别墅的各个角落铺陈开来。在穹顶上，古代诸神齐发力，将中央八角形的神明智慧隐喻置于首位，这是奥林匹斯大殿图像设计方案的最大亮点。在一个虚设的凉廊里，一个绰约多姿的女子在乳母的陪同下从栏杆向外望去。

最后的晚餐

1592—1594年

雅各布·丁托列托（Jacopo Tintoretto）
威尼斯，圣乔治马焦雷教堂

在圣乔治大教堂的后殿中，保存着丁托列托在威尼斯教堂（该教堂按照安德烈亚·帕拉迪奥的设计草草地进行了重建）创作于艺术生涯末期的一部作品。在一代伟大画师中，丁托列托是最长寿的一位，这里保存了这位画家晚年所作的一组非同寻常的壁画。一直以来，在为许多威尼斯机构作画时，丁托列托都倾向于呈现一种十分神秘的浓烈激情，这成为其创作中心阶段的一大特色。而70岁以后，他似乎已经不再着眼于这一点。他的学生和画室的助手［其子多梅尼科·罗布斯蒂（Domenico Robusti）也包含在内］中规中矩，在为装饰总督府房间而准备的巨幅画布的创作中毫无新意，而丁托列托则寻找到了一种新的、较为深层隐秘的表现维度。正是这种精致梦幻的光线处理催生了更加精细的构图。《最后的晚餐》标志着画家光线效果研究的突破性进展。在这幅画中，光线主要围绕两个不同的光源分布：一个是围绕基督散发的光晕；另一个是熊熊燃烧的灯火，难以捉摸的天使形象从弥漫的烟雾中涌现出来。现实与奇迹的朦胧交织触动了具有强烈诗意和深刻神秘主义的时刻，尤其体现在盘旋于晚餐厅黑暗中的天使那虚无缥缈的身影中。丁托列托曾多次触及 "最后的晚餐" 这一主题，但在这幅晚期创作的画中，他勇于开拓、不断创新，提出了史无前例的绘画范式。长桌朝着房间的阴暗背景斜向摆放，因此最显眼的人物是右边的侍者。而基督则位于背景最深处，可通过其面部及其周围的白色光晕分辨出来。

极有可能，年轻的卡拉瓦乔曾随其师西蒙内·彼得扎诺（Simone Peterzano）来过威尼斯，并目睹了这幅扣人心弦、别具匠心的作品。当时这幅作品存于丁托列托的画室中，仍处于未完成状态。更值得关注的是，这幅画作完全摆脱了以往的艺术参照，极具创新实验性，其匠心独运无可比拟，堪称文艺复兴末期威尼斯画派的伟大见证。

■ P.232—P.235：存于圣乔治马焦雷教堂的《最后的晚餐》是一幅惊艳而神秘的作品，值得凝神细品。画中人物被光亮笼罩，逐个从深沉的黑暗中显现，仿佛丁托列托在磨砺观众的耐心和感知力。

法尔内塞画廊

1597—1602年

阿尼巴尔·卡拉齐（Annibale Carracci）

罗马，法尔内塞宫

1595年，阿尼巴尔·卡拉齐离开了家乡博洛尼亚，开始在罗马定居，并受红衣主教奥多阿多·法尔内塞（Odoardo Farnese）委托，负责装饰位于城市中心富丽堂皇的家族宫殿：首先是主教的私人书房，其次是面朝花园大厅内的宏伟画廊。直到辞世，阿尼巴尔·卡拉齐一直留在罗马。在此期间，他主要致力于对古代雕塑和文艺复兴时期大师（如拉斐尔和米开朗基罗）的潜心研究。不仅如此，他还面向整个艺术史，博采众长，酝酿出了一种成熟的表达风格。事实上，阿尼巴尔·卡拉齐是 "学院派" 概念的真正创始人，他提倡凭借对表现技巧的熟练掌握重塑以往的研究。在探寻理想和自然之美的过程中，阿尼巴尔·卡拉齐不拘一格，借鉴了多种文学和具象艺术的传统，再现了古代神话故事一般优美雅致以及蓬勃的生命力。经过漫长的准备（画家在此

期间绘制了上百张草图），卡拉齐终于开始执笔作画。他还邀请了几位年轻的艾米利亚合作者参与这项工作，其中包括圭多·雷尼（Guido Reni）和多米尼基诺（Domenichino），他们在接下来的几年里一同组建了古典主义者团体。在西斯廷礼拜堂穹顶竣工的90年后，阿尼巴尔模拟密集的建筑网格并在其中插入了仿真雕塑和灰泥门楣，以此向米开朗基罗致敬。穹顶壁画虽由红衣主教委托创作，但其主题却具有显著的世俗性：画作生动展现了古代神祇动人的爱情故事，如同被框在画框中一般，沿着廊首和天花板依次陈列。在壁画的中间部分则刻画了《酒神巴库斯与阿里阿德涅的凯旋》的场景。在16世纪末的古典主义绘画中，神话主题是对古典文化进行概念性展示的载体；阿尼巴尔·卡拉齐从古代神祇的奇幻经历中获得灵感，在场景、行动、姿态、身体和情感的刻画

上都显示出了明媚、健美的特点。观赏者可以基于基督教教义，结合普世、神圣的爱的概念，从图像学和讽喻两个层次对该作品进行解读。然而不可否认的是，画家采用的图像基本上都是在古典风格的基础上，又融合了拉斐尔和科雷乔的风格。但是，仅仅追溯画作的文学、视觉来源不足以完全展现阿尼巴尔·卡拉齐杰出的创造力，也无法完美呈现这幅出现于文艺复兴与17世纪宏伟装饰开端之间的过渡作品。

■ P.236—P.239：经过日积月累的雕琢，阿尼巴尔·卡拉齐设计了上百张草图，并在众多徒工和助手的帮助下完成了这一系列装饰。《法尔内塞画廊》虽是一部浩繁的作品，但它场景清晰，细节明媚动人（如第238页中，两个在树林尽头眺望的丘比特），色彩绚丽，因此能够传递出一种令人心旷神怡的愉悦感。

艺术家生平传记

Antonello da Messina
墨西拿，约1430年—1479年

安托内罗主要在那不勒斯进行绘画学习，有幸直接接触到非常重要的佛兰德斯和普罗旺斯的皇家绘画收藏，领教了扬·凡·艾克（Jan Van Eyck）的画风与画技。随后，安托内罗时而留在西西里岛，时而沿整个意大利半岛北上，他与北欧绘画之间的对话也沿着这一人文、地理行程持续推进。在托斯卡纳和马尔凯地区，他仔细观察了皮耶罗·德拉·弗朗切斯卡（Piero della Francesca）的作品，从中他学到了如何刻画宏伟壮丽的人物群像，以及如何在透视几何规则的基础上构图。他的作品主要集中在耶稣受难的主题和深色背景下的四分之三男性肖像。在威尼斯停留期间（1474—1476年），这位艺术家对威尼斯共和国的绘画发展起到了决定性的推动作用：安托内罗突显了自身对色彩和光线的审美品位，为乔凡尼·贝利尼（Giovanni Bellini）在色调方面的成就铺平了道路。在潟湖中绘制的最重要的作品是《圣卡夏诺祭坛画》（现存于维也纳）和《圣塞巴斯蒂安》（现存于德国德累斯顿）。

Federico Barocci
乌尔比诺，1535年—1612年

在乌尔比诺的艺术传统中，特别是在致敬拉斐尔（Raffaello）的作品中，费德里科·巴罗奇脱颖而出。从巴罗奇的青年作品中便可以看出，他熟谙科雷乔（Correggio）明媚优雅的画风和威尼托画派的色彩品位。画家对文艺复兴晚期的艺术产生了决定性的影响，这也要归功于他对特伦托会议提出的神圣艺术规约的完美遵守：他的构图简单直接，刻画的日常细节真实感人。但这并不妨碍雄心勃勃的巴罗奇进一步创作（《从十字架降下耶稣》，佩鲁贾大教堂，1569年；《民众和圣母》，佛罗伦萨，乌菲兹美术馆，1576—1579年；《圣维塔莱的

殉难》，米兰，布雷拉美术馆，1583年），其中我们可以看到他对更广泛的空间魅力的逐步探索。在他晚年的作品中，修行和沉思的特点得以凸显，这是对巴洛克艺术的强烈预示。

Jacopo Bassano
雅各布·达·蓬特（Jacopo da Ponte），巴萨诺，1510/1515年—1592年

雅各布出身于巴萨诺的一个大型绘画世家。他的职业生涯虽然始于山脚下的中小城镇，但他仍未放弃对艺术前沿发展的不懈追求，以及创造具有巨大表现力的构图方案的卓越才能。他在父亲的画室里接受训练，通过仔细研究拉斐尔的版画，摆脱了地方民俗和信仰崇拜的传统色彩。16世纪40年代，他借鉴了风格主义的绘画特色，推崇解剖学的结构呈现以及矫揉造作的人物姿态，并最终形成了自己的风格：善于吸收新事物并将其转化为具有宏大力量的表达。雅各布的简约流行现实主义对画面亮度要求极高，以真实的人物和描述性细节为特征。在4个同为画家的儿子的帮助下，雅各布通过一系列祭坛画（包含巴萨诺、特雷维索、帕多瓦、贝卢诺多地的作品，时间范围从16世纪50年代横跨到他生命的最后一刻），以愈发宏大和极具代入感的形式进行自我表达。

Beato Angelico
菲耶索莱的诺望修士（Fra Giovanni da Fiesole），本名圭多·彼得·维奇奥·迪·穆杰罗，佛罗伦萨，约1395年—罗马，1455年

15世纪20年代，巨幅画家兼微型画师安杰利科在佛罗伦萨接受培训。他并非一个孤立的神秘主义者，而是一位身处佛罗伦萨文化和艺术辩论焦点的艺术家。他与洛伦佐·吉贝尔蒂（Lorenzo Ghiberti）一同创作了《亚麻布制造商会堂》（1433年，佛罗伦萨，圣马可博物馆），后来主要集

中在"被圣徒包围的圣母"或"圣母领报"等题材上，在充满光线和透视的构图中，画家精心地插入了一系列人物。1439年至1442年间，安杰利科为佛罗伦萨圣马可修道院的会堂、庭院回廊、走廊和会友室绘制了壁画。1446年，他应邀为梵蒂冈祭拜圣徒斯蒂芬和洛伦佐的礼拜堂绘制壁画，后来，他又着手装饰奥尔维耶托大教堂的圣布里齐奥礼拜堂。回到佛罗伦萨后，他仍为圣马可的道明会修道院完成了许多作品，随后再次被召到罗马，直到1455年辞世。

Giovanni Bellini
威尼斯，约1430年—1516年

乔凡尼·贝利尼的职业生涯经历了从晚期哥特式到16世纪初色调主义和大气效果盛行的所有阶段。贝利尼曾在父亲的画室接受训练，而他在人文主义基调下的革新理念始于姐姐尼科洛西娅·贝利尼（Nicolosia Bellini）与安德烈亚·曼特尼亚（Andrea Mantegna）的婚姻。佩萨罗宏大的《圣母加冕》（1471—1474年）标志着乔凡尼·贝利尼向皮耶罗·德拉·弗朗切斯卡几何构图的迈进。在随后几年的作品中，如《圣乔贝祭坛画》（威尼斯，学院美术馆）和弗拉里大教堂的三联画，对透视表现规则的熟练掌握与柔和温暖的光线相互映衬。1483年，他被任命为威尼斯共和国的御用画师，在这一职位上工作了33年。在16世纪初，乔凡尼·贝利尼继续寻求广阔的视野，他将这种视野应用于晚年完成的宏伟祭坛画和世俗主题画中。

Sandro Botticelli
亚历桑德罗·菲利佩皮（Alessandro Filipepi），佛罗伦萨，1445年—1510年

作为菲利波·利皮（Filippo Lippi）的学生及后来安德烈亚·德尔·韦罗基奥（Andrea del Verrocchio）的合作

者，在青年时期，波提切利曾尝试创作"圣母与圣婴"的主题，并呈现出了丰富多彩的版本。1470年，他完成了皮耶罗·德尔·波拉约洛（Piero del Pollaiolo）的《要塞》（佛罗伦萨，乌菲兹美术馆），在作品中对一组隐喻人物进行了生动的刻画。在与美第奇家族展开合作后，他为家族不同成员创作了一系列肖像画及其他重要画作，如《三博士来拜》（1475年，乌菲兹美术馆）和《春》（1478年），这幅作品标志着世俗隐喻性壁画的开端，此类画作现存于乌菲兹美术馆，其中还包括《维纳斯的诞生》和《帕拉斯与半人马》。1482年，波提切利被召到罗马，在西斯廷礼拜堂画了三幅壁画。回到佛罗伦萨后，他创作了一系列的祭坛作品，并对繁复的圆形画展开研究。洛伦佐大帝去世后，萨沃纳罗拉的布道打开了波提切利的视野，促使他开始重新审视艺术。在晚年时期，他创作了一系列体现苦难修行的作品，如《从十字架降下耶稣》和《神秘的诞生》（1501年）。

Agnolo Bronzino
阿尼奥洛·迪·科西莫·迪·马里亚诺·托里（Agnolo di Cosimo di Mariano Tori），佛罗伦萨，1503年—1572年

作为蓬托莫（Pontormo）的学生兼合作者，布伦齐诺在16世纪20年代随老师一齐参与了佛罗伦萨的重要绘画工作。1530年，布伦齐诺被召至乌尔比诺的德拉·罗韦尔家族的宫廷，开始绘制肖像画，这是他最擅长的画种，也使他形成了不同于蓬托莫的个人风格。除了对精确勾勒几近疯狂的关注外，布伦齐诺还十分留意对色彩高度个人化的渲染，色彩鲜明饱满、绚丽缤纷。回到佛罗伦萨后，大约在1540年，布伦齐诺成为美第奇公爵宫廷和佛罗伦萨贵族的座上宾。他致力于绘制光滑剔透的肖像画与大量的装饰性作品，如美第奇别墅的壁画、韦基奥宫私人公寓的装潢以及大公爵挂毯的草图。从1560年起，他为佛罗伦萨重

要教堂的祭坛绘制的圣画成倍增加，在这些画中我们可以看到，布伦齐诺愈加频繁地使用繁复的图像，以迎合特伦托会议的标准。

米开朗基罗·博那罗蒂　P151
Michelangelo Buonarroti
卡普雷塞（阿雷佐），1475年—罗马，1564年

米开朗基罗既是文艺复兴巅峰时期的批判者，也是文艺复兴危机的有力见证者。他在多梅尼哥·基尔兰达约（Domenico Ghirlandaio）的工作室中完成了他的艺术学徒生涯。他从小便开始尝试制作宏伟的大理石雕像，创造了许多令人难忘的杰作，如罗马圣彼得大教堂的《圣母怜子像》和佛罗伦萨美术学院的《大卫》。在16世纪的前十年里，米开朗基罗主要从事绘画工作：首先在佛罗伦萨，他与莱昂纳多·达·芬奇（Leonardo da Vinci）合作完成了韦基奥宫的装饰（今已失传），并绘制了《多尼圆幅》；随后在罗马，他开始在西斯廷礼拜堂的穹顶上创作《创世纪》（1508—1512年），对人类历史进行了戏剧性总结，并呈现了一场富于创造之美的视觉盛宴。在完成了这项令人身心俱疲的工作之后，米开朗基罗开始致力于创作雕塑和建筑（如圣洛伦佐新圣器收藏室中的美第奇陵墓），并在16世纪30年代重新提笔，开始了西斯廷礼拜堂《最后的审判》创作的煎熬的酝酿期。两座大理石雕塑《圣母怜子像》是米开朗基罗的晚期作品，传达了他对死亡的思索与体悟。

文森佐·坎比　P225
Vincenzo Campi
克雷莫纳，1535/1540年—1591年

文森佐是安东尼奥·坎比（Antonio Campi）和朱里奥·坎比（Giulio Campi）的弟弟，曾在克雷莫纳的家族画室中接受培训。克雷莫纳是一座艺术氛围浓厚的城市，完美调和了精致的风格主义和写实的伦巴第传统。

他的第一批独立作品明显反映了他对当时已经崭露头角的兄长朱里奥技法的借鉴，兼有巴萨诺和保罗·委罗内塞（Paolo Veronese）的影子。后来，他的自然主义风格愈发明显，从克雷莫纳主教堂的先知壁画、帕维亚加尔都西会修道院博物馆的《被钉在十字架上的基督》以及米兰圣马可教堂的3幅油画中可以找到印证。在帕维亚圣弗朗西斯科大教堂的《圣马太与天使》等画作中，还可以看到文森佐对光影效果的浓厚兴趣，这幅画通常被视作卡拉瓦乔类似主题绘画处理的先例。在哥哥安东尼奥突然去世（1587年）后，文森佐仿照科雷乔在帕尔马的穹顶装饰，在米兰的圣保罗·康韦尔索教堂绘制壁画，将人物神情刻画得十分自然。另外，他也从事风俗画艺术活动，并创作了一系列画作，如创作于克雷莫纳的宏大的《农民搬迁》以及《卖水果的女人》《鱼贩》《厨房》和《鸡贩》等经典作品。

维托雷·卡尔帕乔　P127
Vittore Carpaccio
威尼斯或科佩尔，1460/1465年—1525/1526年

1490年，卡尔帕乔首次亮相艺坛，开始着手创作一组献给圣厄休拉的油画。这幅作品完美地展现了人物行动流畅的叙事节奏，至今仍是聚焦于建筑、服装和相貌之上的无数细节的最完整、最和谐的力证。随后的重要作品有为斯拉夫的圣乔治会堂创作的《圣奥古斯丁的显圣》（1502年），后为阿尔巴内西家族创作的作品《圣母的事迹》以及1514年为拉涅利公会创作的作品《圣斯蒂芬的传奇》。此外，卡尔帕乔还会时不时地穿插着一些用于祭拜圣人或私人收藏的肖像画和木板画，逐渐形成了一种清晰准确、图形细节丰富的艺术风格。卡尔帕乔在很大程度上仍然忠实于15世纪的传统，这一特点在他绘制于威尼斯的伟大神圣作品（《圣殿中耶稣显现》，1510年，学院美术馆；《荣耀的圣维塔莱》，1514年，圣维塔尔教

堂）以及为小城镇绘制的作品中举目可见。因此，这位守旧的艺术家最终与时代潮流脱节，最后在伊斯的利亚遇见了仅有的几位赏识者，以此结束了他的职业生涯。

阿尼巴尔·卡拉齐　P237
Annibale Carracci
博洛尼亚，1560年—罗马，1609年

阿尼巴尔·卡拉齐作为绘画世家的杰出成员，是见证了从文艺复兴晚期风格主义过渡到初期巴洛克风格的关键艺术家。阿尼巴尔极有可能与他最年长的表兄卢多维科·卡拉齐（Ludovico Carracci）一同受训过。两人都渴望跳脱繁复矫饰的风格主义，回归简单朴实的"自然主义"绘画。在接下来的几年里，阿尼巴尔热衷于研究科雷乔和提香（Tiziano）的作品。此时，他不再像年轻时期那般急躁冒进，用色更加讲究，勾勒出的轮廓更加柔和。在百家争鸣、百花齐放的艺术界，阿尼巴尔领教了当时顶尖艺术水平，并大大拓宽了他的绘画主题范围。阿尼巴尔在罗马的艺术活动达到了人生的顶峰，他为法尔内塞宫的画廊穹顶所作的装饰画，堪称16和17世纪之交最伟大的绘画杰作之一。

西玛·达·科内利亚诺　P123
Cima da Conegliano
乔瓦尼·巴蒂斯塔·西玛（Giovanni Battista Cima），科内利亚诺（特雷维索），1459/1460年—1517/1518年

作为威尼斯大陆绘画的典型代表，西玛·达·科内利亚诺从他最早的作品中就表现出了一种较为自主的风格，在这种风格中可以窥见他渊博的学识。他在1490年左右搬至威尼斯，在1516年才离去。西玛最擅长的是宗教类画作，比如，圣母玛利亚画像及光彩夺目的宏伟祭坛画。他对生活细节与大自然潜精研思，以完美清晰的视觉效果和近似北欧画派的光线技法，赋予威尼托的乡村和山丘一种平和与静谧的氛围。即便在乔尔乔内

（Giorgione）和提香出现后，西玛仍未转向色调主义绘画，他依旧忠实于对描述性细节的明确解读。但有两个新颖之处值得关注：他开始面向异教题材，并在画面构图和温情的自然背景中形成一种更为宁静祥和的韵律。

科雷乔　P159
Correggio
安东尼奥·阿莱格里（Antonio Allegri），科雷乔，雷焦艾米利亚，约1489年—1534年

科雷乔曾在曼托瓦接受绘画培训，当时正值曼特尼亚生命的暮年，柔和的拉斐尔式风格刚刚传播开来。科雷乔年轻时期的画作还呈现出达·芬奇和威尼斯学派的印迹。他在帕尔马完成的第一幅伟大作品是圣保罗修道院的《女修道院长的房间》（1519年）。壁画《福音传道者圣约翰》是科雷乔在众学生[包括新学徒帕米贾尼诺（Parmigianino）]的协助下完成的，该作品呈现了科雷乔独具匠心的图像、绘画解决方案，及其在作品表达和色彩方面精致的审美品位。在16世纪20年代，涌现出了一系列令人难忘的祭坛作品，如《牧羊人来拜（神圣之夜）》（1522年，德累斯顿，历代大师画廊）和《圣杰罗姆的圣母》（1523年，帕尔马，国家美术馆）。科雷乔的圣画杰作是帕尔马大教堂穹顶上巨大的《圣母升天图》，画中圣母立于多彩漩涡之上，堪称一幅笔触柔和的透视神作。在晚年，他继续为贡扎加加族工作，为伊莎贝拉·贡扎加（Isabella Gonzaga）的书房创作了两幅油画，以及俏皮可爱的壁画《朱庇特之爱》。

贝内德托·达·马亚诺　P87
Benedetto da Maiano
马亚诺，佛罗伦萨，1442年—1497年

作为一名大理石和木质雕塑家，贝内德托·达·马亚诺与两个兄弟（乔瓦尼和朱里亚诺）一同创建了一家家庭画室，经营得风生水起，并在洛伦佐

大帝统治时代立于佛罗伦萨艺术界的巅峰。他自带一种非同寻常的精致典雅之风，还兼顾了对自然现实的完美感知及对装饰的独特品位（其中，装饰的部分灵感来自古典范式）。贝内德托在雕刻天花板（包括韦基奥宫接待室的天花板）和镶嵌板的制作方面尤为突出，在这一方面深受瓦萨里的欣赏。在大理石雕塑领域，值得一提的是圣吉米亚诺学院教堂中华丽的圣菲娜礼拜堂的祭坛以及佛罗伦萨贵族的半身像，均带有一种强烈的现实主义色彩，令人印象深刻。在1485年至1489年间，贝内德托搬至那不勒斯，并在当地的伦巴第的圣安娜教堂留下了精美的《圣母领报》祭坛。

朱利亚诺·达·马亚诺　P87
Giuliano da Maiano

朱利亚诺·迪·莱昂纳多（Giuliano di Leonardo），马亚诺（佛罗伦萨），1432年—那不勒斯，1490年

朱利亚诺和弟弟贝内德托都在父亲（一位石匠和镶嵌师）的带领下成长起来。朱利亚诺的职业生涯始于佛罗伦萨，后发展于意大利中部和南部的诸多城市。他本人富有智慧，善于筹划，能够灵活应对各种类型的工作。在建筑作品（包括佛罗伦萨的安蒂诺里宫和法恩莎主教堂）中，朱利亚诺以布鲁内莱斯基的手法为参照，在建筑空间中采用了清晰有力的几何图形。作为一名镶嵌师，朱利亚诺与巴乔·庞特利（Baccio Pontelli）为乌尔比诺总督府合力打造了辉煌壮丽的书房［《费德里科·达·蒙特费尔特罗书房的镶嵌画》（1474—1476年）］。在他的雕塑作品中，圣吉米亚诺学院教堂圣菲娜礼拜堂的祭坛十分精美，脱颖而出。在创作晚期，他主要活跃于那不勒斯（当时正值阿拉贡王朝统治时期）。除了合作建造新堡的凯旋门外，朱利亚诺·达·马亚诺还制作了富丽的文艺复兴式城门。

乔瓦尼·德·维基　P207
Giovanni de'Vecchi

波尔果·圣塞波尔克罗，阿雷佐，约1536年—罗马，1615年

乔瓦尼·德·维基与皮耶罗·德拉·弗朗切斯卡出生在同一个城市，是16世纪下半叶绘画界的风云人物。在整个职业生涯中，他几乎完全在罗马度过。此前，他曾在托斯卡纳受训于罗索·费奥伦蒂诺（Rosso Fiorentino），并涉足成熟的风格主义。参与装饰卡普拉罗拉的法尔内塞别墅成为德·维基职业生涯的一大转折点。由于红衣主教亚历山德罗·法尔内塞（Alessandro Farnese）的支持，在反宗教改革时期，德·维基受托参与了许多教堂的装饰工作，如耶稣教堂、圣十字教堂和圣彼得大教堂，主要负责为上述教堂提供镶嵌画草图。德·维基以其精湛的画技、富于理智的头脑及克制有度的画风，成为圣卢卡艺术学院广受赞誉的代表人。在17世纪初，当才艺卓绝的卡拉瓦乔轰动整个罗马艺术界时，他仍然忠实于一种已经过时的风格。

多纳泰罗　P67
Donatello

多纳托·迪·尼科洛·巴尔迪（Donato di Niccolò Bardi），佛罗伦萨，1386年—1466年

多纳泰罗始终致力于探索雕塑技术和艺术表现的可能性，他多才多艺，能够使用各种材料（大理石、青铜、木材等）处理丰富多彩的主题。多纳泰罗在15世纪初崭露头角，为圣母百花大教堂创作了一系列雕塑作品。他凭借雕像《圣乔治》（1416年）在佛罗伦萨艺术界站稳脚跟，该作品也位列15世纪最崇高的雕塑杰作之一。在15世纪20年代，多纳泰罗与米开罗佐（Michelozzo）展开合作，将雕塑与建筑融为一体，创造了大理石建筑群。此后，他继续与佛罗伦萨艺坛的其他主要人物进行合作：他不仅与洛伦佐·吉贝尔蒂一起装饰了锡耶纳洗礼堂的洗礼池，还与卢卡·德拉·罗比亚（Luca della Robbia）争相装饰了佛罗伦萨主教堂两个大理石唱诗班的唱台。多纳泰罗的青铜杰作（圣徒大教堂的高坛和《加塔梅拉达骑马像》）可以追溯到他在帕多瓦的十年（1443—1453年）。他不断积累经验，充分利用光在材料表面的反射，进一步完善了自己的风格。他凭借《朱迪思斩杀霍洛芬斯》（1453年）恢复了艺术界的主

导地位，在晚年时期则致力于为圣洛伦佐大教堂制作两个铜制布道坛。

P167

乔瓦尼·玛利亚·法尔考内托
Giovanni Maria Falconetto

维罗纳，1468年—帕多瓦，1535年

作为文艺复兴鼎盛时期的多面手，在绘画（最初在家乡受训）、建筑和布景设计领域法尔考内托均有涉足。法尔考内托曾在罗马受训，在罗马他认真钻研了梅洛佐·达·福尔利（Melozzo da Forlì）的作品。曼托瓦阿科宫的壁画（1515年）是他的顶峰画作，在多部著作中均有记载。法尔考内托在帕多瓦得到了较大的发展，在那里，他与颇具影响力的新贵阿尔维塞·科尔纳罗（Alvise Cornaro）打过交道：他为科尔纳罗着手设计了凉廊和科尔纳罗剧场建筑群，这是16世纪初专为剧院打造的最有趣的空间之一，用于上演卢赞特（Ruzzante）的喜剧。在帕多瓦，法尔考内托还负责设计了两扇城墙门以及位于附近山丘上宏伟的维斯克维别墅。

高登齐奥·法拉利　P163
Gaudenzio Ferrari

瓦拉洛（韦尔切利），1475/1480年—米兰，1546年

高登齐奥·法拉利十分热衷于研究最新的绘画技法，并在此基础上形成个人化的艺术风格。他有着极为强烈的叙事精神，在意大利北部（圣山）开创了一种以圣徒崇拜为主题的特殊艺术流派。通过对景观、建筑、绘画和雕塑的巧妙融合，将设置在瓦拉洛上方的建筑群融合为一个完整的艺术作品，堪称16世纪最匠心独运、震撼人心的设计方案之一。高登齐奥凭借瓦拉洛的圣玛利亚感恩教堂的巨大隔断墙（1513年）进入艺术成熟期，后又在圣山的两个礼拜堂（伯利恒和髑髅地）创作了宏伟壮丽的雕塑和壁画。在他后来的作品中也能察觉出一种强烈的集体参与感：例如，韦尔切利的圣克里斯托弗罗教堂的壁画和祭坛画（1529—1534年）、萨龙诺圣堂的圆顶（1534—1536年）以及在米兰

执行的绘画（如圣玛利亚·德拉·帕西尼教堂的《最后的晚餐》）。

文森佐·福帕　P43
Vincenzo Foppa

奥兹诺维（布雷西亚），1427/1430年—布雷西亚，1515/1516年

在莱昂纳多·达·芬奇到来之前，文森佐·福帕被公认为文艺复兴初期伦巴第大区最重要的画家。福帕曾在帕多瓦接受培训，在多纳泰罗的人文主义创作新风的耳濡目染之下，回到米兰后，他在圣埃乌斯托托大教堂的波尔蒂纳里礼拜堂绘制了一组与众不同的壁画（1468年）。福帕在这些年里所作的木板画和祭坛画显示了他的透视研究，同时也营造了一种忧郁的沉思意境。福帕在帕维亚（《博蒂界拉祭坛装饰屏风》，市立博物馆）和利古里亚也十分活跃，他以一种宁静的雅致和对现实的忠实呈现，为伦巴第地区西北部的艺术风格奠定了基调。在15世纪80年代，福帕在米兰完成了一系列重要的作品，如斯福尔扎城堡的《圣塞巴斯蒂安的殉难》和古典拱门下的《圣母与地毯》（1485年），后者是对伯拉孟特建筑的致敬。福帕最终在布雷西亚成为当地新兴绘画学院的代表人，以此结束了他漫长的职业生涯。

秦梯利·达·法布里亚诺　P7
Gentile da Fabriano

法布里亚诺，1370/1380年—罗马，1427年

在从浮夸的哥特式风格到人文主义初期风格的过渡阶段，涌现出了一位领军人物——秦梯利·达·法布里亚诺，他是意大利15世纪初最著名的画家。为罗米塔山谷的修道院（布雷拉美术馆）创作的多联画是秦梯利的早期杰作，不仅体现了里米尼和伦巴第地区画风的影响，而且展现了他在翁布里亚和马尔凯所受的艺术培训。秦梯利逐渐发展出了一种非同寻常的雅致艺术，以使用珍贵材料和细致刻画自然细节为特点。1408年，秦梯利去了威尼斯，对15世纪初威尼斯艺术界产生了深刻的影响。随后，他把

工作室迁至佛罗伦萨，并在1423年为圣特里尼塔天主大教堂的斯特罗兹礼拜堂创作了《三博士来拜》（现藏于乌菲兹美术馆）。后来，秦梯利还创作了《瓜拉泰西多联画》（分属佛罗伦萨、伦敦、纽约和梵蒂冈的博物馆），其中可以看出与布兰卡奇礼拜堂中马萨乔（Masaccio）和马索里诺（Masolino）所作壁画的对话。1427年，秦梯利在罗马开始着手装饰拉特兰的圣乔万尼教堂，但数月后便与世长辞。

多梅尼哥·基尔兰达约　P103
Domenico Ghirlandaio
多梅尼哥·迪·托马索·比戈尔迪（Domenico di Tommaso Bigordi），佛罗伦萨，1449年—1494年

多梅尼哥·基尔兰达约是一位十分多产的艺术家，在创作各式各样的壁画时，他总是能迸发灵感，创造出别出心裁的作品。他曾与佩鲁吉诺（Perugino）和波提切利一同在安德烈亚·德尔·韦罗基奥（Andrea del Verrocchio）的工作室进修。大约在15世纪70年代初，基尔兰达约才独立从事艺术活动。这要归功于韦斯普奇家族的支持，基尔兰达约受其委托，在佛罗伦萨的万圣教堂完成了一系列花样繁多的作品。1475年，他在圣吉米亚诺学院教堂中创作了一组精致的壁画，名为《圣菲娜的传奇》。1481年，他又去罗马为西斯廷礼拜堂绘制了两幅壁画。在佛罗伦萨，基尔兰达约为韦基奥宫的百合花厅（Sala dei Gigli）作了装饰（1483年），为圣特里尼塔天主大教堂的萨塞蒂小堂绘制了壁画和祭坛画（1485年），还为新圣玛利亚教堂中的托纳布奥尼礼拜堂完成了连环壁画的初稿。大师最后的作品包括一系列触动人心的肖像画（如卢浮宫的《老人与孙子的肖像》）和极为重要的祭坛画，如存于佛罗伦萨因诺琴蒂医院的《神圣的对话》（1488年）。

乔尔乔内　P135
Giorgione
威尼托自由城堡（特雷维索），1477/1478年—威尼斯，1510年

由于传记资料和文献记载稀少，这位威尼托绘画的深刻革新者的形象被蒙上了一层传奇的光环。乔尔乔内艺术的关键在于绘画与自然之间的关系以及对光线和气氛的渲染。为了达到这种效果（乔凡尼·贝利尼也同样追求这种效果），乔尔乔内不再那么关注轮廓画，反而在色调的自然过渡上下了较大的工夫。这种绘画方案也被应用于神圣主题绘画（如《卡斯泰尔弗兰科祭坛画》），在难以阐释的沉思、诗意或讽喻主题的作品中十分奏效，如维也纳的《三个哲学家》或威尼斯的《暴风雨》。在装饰德国商馆时，乔尔乔内找到了初露锋芒的提香，与其展开了密切合作，并与提香和塞巴斯蒂亚诺·德尔·皮翁博（Sebastiano del Piombo）两人在艺术风格上切磋琢磨、取长补短。

朱里奥·罗马诺　P197
Giulio Romano
朱里奥·皮皮（Giulio Pippi），罗马，1492/1499年—曼托瓦，1546年

朱里奥·罗马诺是一位著名的建筑师兼伟大的装饰工程组织者。他在拉斐尔的工作室接受培训，成为其最信任的合作者，并在其死后继续延续他的风格，参与完成了梵蒂冈的房间和凉廊、法尔内塞纳宫和马达玛别墅。罗马诺最显著的创作特点体现在充满活力的笔触和金属色的使用上，如《圣斯蒂芬的殉难》（热那亚，圣斯蒂芬教堂）或《圣母与猫》（那不勒斯，卡波迪蒙特国家博物馆），在上述作品中可以感受到一种倾向，即遵循新兴的风格主义特点，采用了某种极具表现力的手势和表达方式。1524年，罗马诺搬至曼托瓦，他不仅为贡扎加家族构思了精妙绝伦的壁画、富丽堂皇的建筑（如得特宫、曼托瓦主教堂、圣贝内代托波修道院）、总督府的新住所和庭院，还参与了挂毯草图和金匠工作的设计。其中，得特宫的设计和装饰是最为繁复、意蕴最深刻的作品，宫殿的每个房间都呈现出新颖且越来越具有带入感的装饰方案。

贝诺佐·哥佐利　P33
Benozzo Gozzoli
贝诺佐·迪·列齐（Benozzo di Lese），佛罗伦萨，约1420年—皮斯托亚，1497年

贝诺佐·哥佐利在托斯卡纳和翁布里亚创作了大量壁画，发展出一种俏皮可爱的装饰风格，同时完美应用了人文主义透视规则。贝诺佐年轻时曾师从洛伦佐·吉贝尔蒂，或许正是这一学习经历促成了他对细节的精心把控。后来，他又在真福安杰利科处接受培训，并成为安杰利科在罗马和奥尔维耶托后续工作中的主要合作者。1450年，贝诺佐已经可以在翁布里亚的蒙特法尔科独立创作，并在当地的圣福都纳堂和圣弗朗西斯科教堂留下了一系列重要壁画。1458年，他接受了职业生涯中最重要的委托：为佛罗伦萨美第奇宫的私人礼拜堂创作奢华的装饰画《三博士骑兵队》。在1464年至1466年间，他住在圣吉米亚诺学院教堂，并在学院教堂和圣奥古斯丁教堂绘制壁画。遗憾的是，藏于比萨坎波桑托的《旧约圣经》（1468—1484年）大部分已经丢失。贝诺佐在佛罗伦萨和托斯卡纳的不知名城镇创作了一系列作品后，于1497年在皮斯托亚去世。

莱昂纳多·达·芬奇　P139
Leonardo da Vinci
芬奇（佛罗伦萨），1452年—克鲁堡（昂布瓦兹），1519年

莱昂纳多是意大利文艺复兴的代表人物，于15世纪70年代在佛罗伦萨韦罗基奥的工作室完成了他的艺术培训（如，曾作画《基督洗礼》，现存于乌菲兹美术馆）。于他而言，绘画成了一种表达方式和研究工具，拓宽了他的视野。在肖像画（《吉尼芙拉·得·本奇肖像》，华盛顿，国家画廊）、动态运动和心理表达研究方面，莱昂纳多随即显示出了一种卓越的天赋。1482年，他因未被召至罗马的西斯廷礼拜堂作画，毅然决然地离开了佛罗伦萨，进入米兰的斯福尔扎宫廷服务。这一时期，他创作了一些重要作品，如《岩间圣母》（巴黎，卢浮宫）和《最后的晚餐》，并对人物

表情和氛围效果作了相关研究。1499年，莱昂纳多回到佛罗伦萨，与米开朗基罗在韦基奥宫的壁画中展开竞争，并开始《蒙娜丽莎》的创作。回到米兰后，他又绘制了《圣母子与圣安娜》（巴黎，卢浮宫），对当地学院产生了决定性的影响。最后，他搬至法国，在那里留下了一些主题神秘的作品，成为其艺术创作的绝笔。

菲利皮诺·利皮　P109
Filippino Lippi
普拉托，约1457年—佛罗伦萨，1504年

作为菲利波·利皮的儿子，菲利皮诺是一个名副其实的天才少年：仅12岁出头，他便已经能够完成父亲在斯波莱托主教堂的壁画，紧接着就与波提切利展开长期合作并取得丰硕成果。以张弛有度、蜿蜒曲折的笔触营造出萌翳柔美的氛围，这是他初期画作的特点。在15世纪80年代初，菲利皮诺的独立事业有了决定性的发展。这一时期，他在佛罗伦萨完成了一系列重要作品，如接替马萨乔和马索里诺在布兰卡奇礼拜堂绘制的壁画（约1485年）、《圣母玛利亚向圣伯纳德的显现》（1482年，巴迪亚·菲奥伦蒂娜教堂）、佛罗伦萨圣灵教堂的《涅利祭坛画》（《圣马丁和亚历山大的凯瑟琳以及赞助人之间的圣母子》，约1488年），以及新圣母玛利亚教堂内斯特罗兹礼拜堂连环壁画的初稿。1488年，菲利皮诺被洛伦佐大帝召至罗马，为圣玛利亚教堂的卡拉法礼拜堂绘制壁画。菲利皮诺从最新挖掘的考古发现中获得灵感，精心设计了仿古装饰元素。回到佛罗伦萨后，画家以清醒的头脑洞察出了由洛伦佐大帝（1492年）之死和萨沃纳罗拉的布道所引发的人文主义危机，并对此作了巧妙的诠释。他的画风开始变得离奇古怪、充满奇思妙想，而且气氛越来越紧绷，具有一种虚无缥缈感。

菲利波·利皮　P81
Filippo Lippi
佛罗伦萨，1406年—斯波莱托，1469年

菲利波·利皮曾在卡尔米内圣母大殿

的修道院接受艺术培训，有幸近距离地接触到了马索里诺和马萨乔的壁画。1434年，他在帕多瓦旅居，或许还去过一趟佛兰德斯，进而简化并拓宽了他的艺术文化视野。《塔基尼亚圣母玛利亚》（罗马，国立古典艺术馆）和佛罗伦萨圣灵教堂的祭坛画（现藏于卢浮宫）都是这一时期的作品。在成为佛罗伦萨文化范例后，1441年，菲利波开始创作宏大的《圣母加冕》（现藏于乌菲兹美术馆）。除此之外，还有许多祭坛画值得关注：这些作品以几何学透视法则为基础，对诸多的细节和人物进行了细腻逼真的刻画。1452年，他在普拉托绘制了以"圣斯蒂芬和施洗者圣约翰的传奇"为主题的壁画及其他作品。回到佛罗伦萨后，菲利波接受了一系列著名人士的委托，如为美第奇宫礼拜堂创作的《耶稣诞生》（现存于柏林）。菲利波以斯波莱托主教堂唱诗台的壁画结束了他漫长的艺术生涯。

洛伦佐·洛托　　　P175
Lorenzo Lotto

威尼斯，约1480年—洛雷托，1556年

洛伦佐·洛托出生于威尼斯，曾受训于乔凡尼·贝利尼。他长期旅居，辗转于艺术大都市和小城镇之间。在威尼斯的学徒期结束时，洛托参与了特雷维索主教文森佐·德·罗西（Vincenzo de' Rossi）的艺术活动，并早早地表现出对肖像画的热衷及革新祭坛画的追求。在马尔凯地区的两次旅居（在1508年至1510年期间，洛托在罗马有过一段困苦的境遇，他在梵蒂冈公寓完成的装饰画后被销毁，以便为拉斐尔留出创作空间）后，洛托在贝加莫定居。在这里，他接触到了高登齐奥·法拉利的作品，或许还有科雷乔的作品，他与北欧艺术碰撞融合，尝试了各种表现手法，加深了对肖像画的研究。在16世纪20年代，洛托发展出了一种气势恢宏、延绵起伏的绘画风格，色彩鲜艳亮丽，有时还具有复杂的象征意义。1526年，他回到威尼斯，但当时的艺坛由提香主导，似乎并未对他的艺术风格敞开怀抱，他为威尼斯教堂所作的几幅画都备受冷落。1549年，

他离开威尼斯，搬至洛雷托。

伯纳迪诺·卢伊尼　　　P171
Bernardino Luini

杜门扎（瓦雷泽），约1481年—米兰，1532年

虽作为16世纪早期伦巴第文艺复兴文化的领军人物，伯纳迪诺·卢伊尼的身世与生平仍朴朔迷离。在米兰和威尼斯两地做了一段时间学徒后，他在1512年完成了第一件作品，即在基亚拉瓦莱修道院绘制了一幅圣母像，随后又在帕维亚加尔都西会修道院绘制了一系列壁画。在罗马旅居之后，他回到了伦巴第，于1516年装饰了米兰圣台治堂的基督圣体圣血礼拜堂，并在科莫大教堂展开了一系列重要的创作（1517—1518年）。1520年，他在帕切圣母堂展开工作。5年后，他又在萨龙诺的奇迹圣母圣殿的中间层（译者注：专为主教和神职人员保留的空间）完成了一组壁画。1526年后，他创作了《托里阿尼多联画》（现存于门德里西奥）。1529年，他在卢加诺的安杰利圣母堂完成了一堵华丽的隔断墙。在暮年时期，他致力于完成米兰圣毛里齐奥教堂的壁画。

奥斯文扎大师　　　P27
Maestro dell'Osservanza

1425年至1450年间活跃于锡耶纳

虽然后来已有诸多学者对其进行研究，但是这位生于15世纪上半叶、活跃于锡耶纳、擅长绘画和微型画的杰出艺术家的身份至今仍然成谜。根据一些专家的说法，这位魅力无限的画家的创作初期风格与长寿的锡耶纳艺术家萨诺·迪·皮特罗（Sano di Pietro, 1405—1481年）高度重合。奥斯文扎大师的名字与存于锡耶纳城门附近奥斯文扎修道院的一幅金色背景的三联画有关，这是追溯画家风格的关键性作品。或许是受萨塞塔（Sassetta）的高雅品位和锡耶纳晚期哥特式特殊阶段的影响，这位大师对自然细节十分关注，并以一种和谐的方式引入了更新的透视理念。除阿夏诺市立博物馆中的那幅非同凡响的多联画（《圣母的诞生》，约1433

年）外，这位大师还以"圣安东尼修道院院长的事迹"为主题画了八幅木板画，这些画作分布在世界各地的各个博物馆。

安德烈亚·曼特尼亚　　　P37
Andrea Mantegna

卡尔图罗岛（帕多瓦），1431年—曼托瓦，1506年

自幼时起，安德烈亚·曼特尼亚就在透视和塑造古典宏伟感的创新方面表现出了一种过人的天赋。大约在1450年，曼特尼亚的职业生涯在帕多瓦发展起来，这要归功于他在弗朗西斯科·斯夸尔乔内（Francesco Squarcione）工作室接受的培训和他与透视文化的接触（帕多瓦的奥维塔里礼拜堂）。1451年，曼特尼亚与乔凡尼·贝利尼的姐姐完婚，由此展开了与威尼斯艺术世家的直接接触。维罗纳圣泽诺大教堂的祭坛画（1457—1459年）按照宏伟的人文主义规则进行布局且富于描述性细节，是他青年时期的最后一部作品。1460年，曼特尼亚搬至曼托瓦，并在那里度过了他的后半生。他还为贡扎加家族完成了经典的宫廷艺术作品。但最需关注的一点是，曼特尼亚凭借超强的图案分析能力，从晚期哥特式到考古学和透视人文主义，对自身的艺术品位进行了彻底且成功的革新。曼特尼亚在曼托瓦公爵宫内的"婚礼房"使用错觉艺术手法绘制的湿壁画就是最有力的证明。

马萨乔　　　P51
Masaccio

托马索·迪·塞尔·乔瓦尼·卡萨伊（Tommaso di ser Giovanni Cassai），圣乔瓦尼·瓦尔达诺（佛罗伦萨），1401年—罗马，1428年

马萨乔的艺术活动始于卡夏·迪·雷杰罗的圣吉奥韦纳勒教堂三联画（1422年）。在佛罗伦萨，这位艺术家开始致力于革新透视技法，刻画庄严肃穆的人物。马萨乔与马索里诺·达·帕尼卡莱（Masolino da Panicale）展开了密切交流，并创作了《圣母子与圣安娜》（现存于乌菲兹美术

馆，1424年），并开始在卡尔米内圣母大殿的布兰卡奇礼拜堂绘制壁画。马萨乔常以城市或景观空间为背景，专注于画中人物形象的表现。马萨乔在这方面的独特天赋在其独立处理的作品中都有迹可循，比如创作于比萨加尔默罗会教堂的以金色为背景的大型多联画（1426年，分属不同的博物馆），《卡西尼圣母玛利亚》（现藏于乌菲兹美术馆）以及佛罗伦萨新圣母玛利亚教堂的《三位一体》（1427年）。从1427年起，马萨乔便与马索里诺进行了部分合作，主要体现在圣克莱门特大教堂布兰达·卡斯蒂耀内礼拜堂的壁画上。下一阶段，马萨乔计划处理拉特兰的圣乔万尼教堂的墙壁装饰。但在1428年，他溘然长逝，死因不明。尽管如此，他已经完成的少数作品仍然为保罗·乌切洛（Paolo Uccello）、真福安杰利科和菲利波·利皮提供了重要的范例。

马索里诺·达·帕尼卡莱　　　P23
Masolino da Panicale

托马索·迪·克里斯托弗罗·菲尼（Tommaso di Cristoforo Fini），瓦尔代尔萨帕尼卡莱，1383年—佛罗伦萨，1440年

马索里诺活跃于意大利的各个中心，甚至在整个国际艺术舞台上都享有盛誉。他能够完美结合晚期哥特式的叙事风格、自然主义品位与透视表现，将场景浸润在温暖的光线和细腻的色彩之中。马索里诺以洛伦佐·吉贝尔蒂学生的身份，于15世纪20年代初在托斯卡纳的绘画舞台上崭露头角。1424年，他开始在佛罗伦萨与马萨乔合作，最终在卡尔米内圣母大殿的布兰卡奇礼拜堂完成了一组壁画。马萨乔的艺术生涯在罗马继续展开：1428年，红衣主教布兰达·卡斯蒂耀内（Branda Castiglioni）委托他以圣凯瑟琳传奇为主题为圣克莱门特大教堂绘制壁画。1435年，他搬至伦巴第的卡斯蒂耀内·奥洛纳（瓦雷泽），开始进行一系列绘画装饰工作，其中包括学院教堂的唱诗台、主教宫殿的部分房间以及壮观的洗礼堂。1440年10月18日，马索里诺在佛罗伦萨去世。

莫雷托·达·布雷西亚　P217
Moretto da Brescia

亚历山德罗·邦维奇诺（Alessandro Bonvicino），布雷西亚，约1490年—1554年

关于莫雷托·达·布雷西亚所受的培训及早期艺术活动，我们所知甚少。布雷西亚以《壮观的管风琴窗》（1515年，现存于卢浮宫）初露头角。他不断与同乡基诺莱蒙·罗曼尼（Girolamo Romani）（又名罗曼尼诺）展开交流与对话。在1521年至1524年间，他为福音传道者圣约翰教堂创作了一系列重要的画作，从中可以看出他对提香风格的关注。而在其随后几年的作品中，可以看出他与活跃于贝拉莫的洛伦佐·洛托的联系。在16世纪30年代和40年代，莫雷托为布雷西亚的教堂完成了许多作品，其和谐的古典式布局使刻画逼真的人物、静物等变得呼之欲出。莫雷托的晚期画作传达了他对基督教主题郑重庄严的思索，因此被视为与转伦托会议精神紧密相关的首批艺术作品之一。

保罗·乌切洛　P63
Paolo Uccello

保罗·迪·多诺（Paolo di Dono），佛罗伦萨，1397年—1475年

15世纪20年代，保罗·乌切洛在佛罗伦萨的艺坛中初露锋芒。他着迷于透视几何学，并对晚期哥特式时代的英雄、骑士世界表现出浓厚的兴趣。在1425年，他前往威尼斯居留，这次旅行对他有着重要的意义。在此期间，他为圣马可大教堂的镶嵌大理石地板绘制了镶嵌画草图和几何图案。随后，他回到佛罗伦萨，在1436年为圣母百花大教堂绘制壁画《约翰·霍克乌德骑马像》，随后又完成了时钟周围的壁画以及彩色玻璃窗的草图。15世纪40年代，保罗·乌切洛在普拉托大教堂的圣米尼亚托大殿绘制了壁画，并在新圣母玛利亚教堂的绿色回廊绘制了《诺亚的故事》。他最著名的作品是讲述《圣罗马诺之战》的三幅嵌板画（现在分属乌菲兹美术馆、卢浮宫和伦敦国家美术馆）。在1465年左右，保罗·乌切洛参与了费德里

科·达·蒙特费尔特罗（Federico da Montefeltro）在乌尔比诺的委托创作工作。然而，在那时，他的风格似乎已经被波提切利等新兴一代的大师所超越。

佩林·德尔·瓦加　P203
Perin del Vaga

皮特罗·布奥纳科尔西（Pietro Buonaccorsi），佛罗伦萨，1501年—罗马，1547年

佩林·德尔·瓦加处于热那亚传统和新颖的风格主义艺术流派开端之间的过渡期，被视为连接两种迥异画风的重要纽带。在佛罗伦萨接受初步培训后，佩林加入了拉斐尔的工作室，成为他的主要合作者之一，并参与执行了罗马的大型装饰项目。在佛罗伦萨停留了一段时间后，恰逢1527年罗马被劫，他决定搬至热那亚。在热那亚，受海军上将兼执政官安德烈亚·多利亚（Andrea Doria）的委托，佩林绘制了宏伟的世俗壁画；他还始终与国际风格主义对话，为热那亚和利古里亚的其他中心绘制了各种祭坛画。1538年，他回到罗马，并与米开朗基罗取得了联系。他凭借优雅睿智的风格成为法尔内塞家族圈中举足轻重的画家之一，不仅为其在梵蒂冈和圣天使堡设计了不同的房间，还承接了富丽堂皇的保利纳厅的装饰工作。

皮耶罗·德拉·弗朗切斯卡　P71
Piero della Francesca

波尔果·圣塞波尔克罗（阿雷佐），1416/1417年—1492年

虽然皮耶罗·德拉·弗朗切斯卡主要在佛罗伦萨进行艺术培训，但他的职业生涯却是在小城镇中心发展起来的。在15世纪40年代，皮耶罗辗转于圣塞波尔克罗（工作）和其他城市（包括罗马，旅居）之间；在费拉拉，他有幸接触到了莱昂·巴蒂斯塔·阿尔伯蒂（Leon Battista Alberti），或许还与佛兰德斯艺术家罗吉尔·凡·德尔·维登（Rogier van der Weyden）有交集。1452年，他开始在阿雷佐的圣弗朗西斯科

教堂绘制壁画《真十字架传奇》：这是他职业生涯中最重要的作品，呈现了多样的叙事场景、恢弘壮阔的人物形象、比例精确的空间以及异乎寻常的表达力。皮耶罗·德拉·弗朗切斯卡在《圣安东尼奥多联画》（佩鲁贾，翁布里亚国家美术馆）和圣塞波尔克罗的新作（如《基督复活》）中绘画风格逐渐纯熟。15世纪60年代，他活跃在费德里科·达·蒙特费尔特罗的宫廷，留下了一系列令人难忘的杰作（现藏于乌菲兹美术馆的公爵肖像、留在乌尔比诺的两块木板画以及现藏于布雷拉美术馆的《蒙特费尔特罗祭坛画》），并致力于推进几何、透视和代数的研究。后来，他重返圣塞波尔克罗，并于1492年10月12日去世。

平托瑞丘　P143
Pinturicchio

伯纳迪诺·迪·贝托（Bernardino di Betto），佩鲁贾，约1454年—锡耶纳，1513年

15世纪中期，平托瑞丘在佩鲁贾的艺术学院接受了培训，遂成为佩鲁吉诺的得力助手，先后参与了《圣伯纳迪诺传奇》（1473年）和著名的西斯廷礼拜堂（1481年）的装饰工程。从那以后，他便开始辗转于佩鲁贾和罗马之间，进行独立艺术创作，并在两地留下了许多重要的作品，如天坛圣母堂和人民圣母教堂的壁画，以及梵蒂冈教皇亚历山大六世的寓所（1492—1495年）。这些作品揭示了从当代考古研究挖掘出的对罗马墙面装饰极为新颖的阐释。画家巧妙地运用了许多复古元素，进一步加强了装饰性效果。在翁布里亚，画家绘制了祭坛画和壁画（斯佩罗的巴利奥尼小教堂，1501年）。而平托瑞丘在锡耶纳大教堂附属的皮科罗米尼家族图书馆绘制的华丽壁画（1503年）堪称他的顶峰之作，他采用了部分拉斐尔的图案作为其中的叙事场景。在生命的最后阶段，他搬至锡耶纳，在那里留下了各种各样的作品，包括潘多尔福·彼得鲁奇（Pandolfo Petrucci）宫殿中的壁画。

安东尼奥·皮萨内洛　P19
Aotonio Pisanello

皮萨内洛（Pisanello），维罗纳，约1395年—约1455年

画家皮萨内洛曾受训于威尼托。在1423年左右，他跟随秦梯利·达·法布里亚诺前往佛罗伦萨。在那里，他在固守晚期哥特式风格的同时，还融合了人文主义初期风格以及古典雕像品位。皮萨内洛的独立艺术生涯始于维罗纳，在那里他创作了《圣母与鹌鹑》（现藏于老城堡博物馆）和壁画《圣母领报》（现藏于圣费尔莫马焦雷教堂，约1426年）。1427年，皮萨内洛被召至罗马，负责完成拉特兰的圣乔万尼教堂的壁画。后来，这位艺术家辗转于意大利北部的各个宫廷之间：在曼托瓦，他绘制宣扬骑士精神的主题壁画；在费拉拉，他为埃斯特宫廷的成员作画；在里米尼，他为诺维罗·马拉特斯塔（Novello Malatesta）制作勋章。而他最著名的代表作则是维罗纳圣亚纳大削堂的宏大壁画《圣乔治与公主》（约1436年）。在1450年左右，皮萨内洛搬至那不勒斯，但当时人文主义文化正盛，将他淹没在其中。在逝世后，他也逐渐被世人遗忘。

安东尼奥·德尔·波莱乌罗、皮耶罗·德尔·波莱乌罗　P95
Antonio e Piero del Pollaiolo

安东尼奥·德尔·波莱乌罗，佛罗伦萨，约1441年—罗马，约1485年
皮耶罗·德尔·波莱乌罗，佛罗伦萨，1431年—罗马，1498年

安东尼奥和皮耶罗两人的艺术活动为15世纪中期佛罗伦萨涉猎广泛的艺术作坊提供了一个范例。在人们的印象中，他们不仅是绘画和雕刻的先驱，而且还擅于制作金银首饰，为奢华刺绣设计图样。两人的艺术风格极为相似，那幅典雅精致的妇女侧身肖像（藏于米兰的波尔迪·佩佐利博物馆）的归属问题至今仍存争议。相比之下，皮耶罗显然比安东尼奥更专注于绘画创作。他的画作色彩鲜艳亮丽、图案与众不同，这或许与佛兰德斯绘画在佛罗伦萨的传播有关。在两兄弟搬至罗马后，安东尼奥更偏好于

创作宏伟的铜雕：比如为圣彼得大教堂制作的教皇西斯图斯四世（1484—1492年）和英诺森八世（1492—1498年）的石棺，这只是教皇所在地艺术和文化复兴计划的冰山一角。

蓬托莫　　P189
Pontormo
雅各布·卡鲁奇（Jacopo Carucci），庞托尔梅（佛罗伦萨），1494年—佛罗伦萨，1557年

蓬托莫是一位才华横溢、敢于开拓的艺术家，但生性忧郁，时常陷入困顿之中，饱受精神折磨。他是佛罗伦萨绘画从文艺复兴的高峰期转向风格主义的代表画家。在安德烈亚·德尔·萨托（Andrea del Sarto）手下受训后，蓬托莫以佛罗伦萨圣母领报大殿的壁画首次亮相艺坛，即将掀起一股艺坛新风。蓬托莫汲取了米开朗基罗和北欧版画的元素，声名鹊起，并在1520年左右接受了官方的委托，完成了许多重要作品（如美第奇家族的纪念肖像，波吉欧凯萨诺别墅中的壁画）。加卢佐的加尔都西会修道院的壁画（1523—1525年）和圣芬莉堂卡波尼礼拜堂的装饰（1525—1526年）标志着蓬托莫对具有巨大张力的新颖表现效果的探索。在佛罗伦萨遭围困（1529年）后，蓬托莫愈加自我封闭。在他生命的最后几年，他潜心绘制了一系列充满张力的作品，却并未得到满意的结果（如圣洛伦佐唱诗台的壁画，在1762年被摧毁；挂毯草图，被公爵拒收），这进一步加剧了他对风格主义的悲观思考。

拉法利诺·达·雷焦　　P207
Raffaellino da Reggio
拉斐尔·莫塔（Raffaello Motta），科德蒙多（雷焦艾米利亚），1550年—罗马，1578年

画家拉法利诺·达·雷焦来自雷焦艾米利亚，早期接受艺术训练，深受艾米利亚绘画的熏陶。他对帕米贾尼诺的绘画风格和同乡莱里欧·奥尔西（Lelio Orsi）丰富的想象力表现出了浓厚的兴趣。拉法利诺在罗马度过了他的职业生涯，成为风格主义后期成

熟阶段的主角之一。拉法利诺全心沉浸于参与浩繁的装饰工程。1572年，他为罗马的四殉道堂绘制了壁画。从1574年开始，他与乔瓦尼·德·维基联合打造了卡普拉罗拉宏伟壮观的法尔内塞宫。在他为数不多的木质和铜质绘画中，复杂的构图占了上风，而在其连环壁画中则主要呈现出一种矫饰的特点。

拉斐尔·圣齐奥　　P147
Raffaello Sanzio
乌尔比诺，1483年—罗马，1520年

拉斐尔·圣齐奥从小便有着过人的天赋，他师承皮耶罗·德拉·弗朗切斯卡，在乌尔比诺艺术文化中耳濡目染。在1500年左右，他与佩鲁吉诺合作，接受了佩鲁吉诺所作的草稿，并在《圣玛利亚的婚礼》（米兰，布雷拉美术馆）中大胆创新，对其草图进行了大刀阔斧的修改。拉斐尔十分善于从其他艺术家那里汲取灵感并进行再创作，这是他在佛罗伦萨旅居时期（1504—1508年）所呈现的主要特点。他很快便在文艺复兴时期艺术规则的准确应用、对自然的模仿以及柔和的表达方式之间实现了一种难以企及的平衡。后来，拉斐尔奉教宗儒略二世之命赶赴罗马，为其梵蒂冈私人寓所的房间绘制壁画：这组连环壁画始于"签字大厅"（1508—1511年），终于"埃利奥多罗厅"（1511—1513年），采用了对称背景，运用变幻的光影效果，场景构图和谐自然，情节深刻简练。同时，祭坛作品，如现存于德累斯顿的《西斯廷圣母像》和博洛尼亚国家博物馆的《圣塞西莉亚的狂喜》，以及肖像画和壁画也相继问世。在利奥十世执政期间，拉斐尔参与了一系列的装饰工程（梵蒂冈的凉廊、法尔内塞宫），并进一步转变了他的风格，从中可以瞥见早期风格主义的主题与技法。

罗索·费奥伦蒂诺　　P183
Rosso Fiorentino
乔万·巴蒂斯塔·迪·雅各布（Giovan Battista di Jacopo），佛罗伦萨，1495年—枫丹白露（巴黎），1540年

罗索·费奥伦蒂诺是佛罗伦萨风格主义的领军人物，他曾与蓬托莫一起在安德烈亚·德尔·萨托的工作室进修，并与两人一同在圣母领报大殿小回廊的壁画中初露锋芒。然而，没过多久，他笔下的人物相貌怪异，怪诞浮夸，令订购者瞠目结舌、大为不解。绘于沃尔特拉的《从十字架降下耶稣》（1521年），人物剧烈变形，色彩诡异大胆，为整幅作品赋予了一种令人慌慌不安的侵略性。在短短几年的时间里，罗索逐渐从佛罗伦萨（以蓬托莫和安德烈亚·德尔·萨托为主导）转向罗马（以米开朗基罗为主导），后又与帕米贾尼诺展开切磋。在罗马被劫后，这位画家进行了多次旅行：他的创作风格变幻莫测，时而辛辣犀利，时而柔和温婉（更贴合订购者的要求）。在1530年，罗索搬至巴黎：他为法国国王弗朗索瓦一世创作了枫丹白露宫的宏伟画廊（1532—1537年），这一作品成为其在欧洲传播风格主义美学的重要纪念碑。

　　P213
乔瓦尼·杰罗拉莫·萨沃尔多
Giovanni Gerolamo Savoldo
布雷西亚，1480/1485年—约1548年

乔瓦尼·杰罗拉莫·萨沃尔多是16世纪布雷西亚最精致的画家，他对反射光线的影响有着较为细致的研究，被视为卡拉瓦乔艺术道路上的引路人。关于萨沃尔多初期的艺术活动尚不明晰，但有一点可以确定：画家在1520年左右在威尼托展开创作（《隐士祭坛画》，威尼斯，学院美术馆；《神圣对话》，特雷维索，圣尼科洛教堂）。萨沃尔多的作品包括祭坛画、肖像画，最重要的是为私人创作的圣物画（有时会以多个版本进行诠释），如得到广泛关注的《抹大拉》或《逃亡埃及途中的休息》。在这一时期，萨沃尔多的画作总是光彩夺目、五彩斑斓、银光闪烁。在16世纪30年代，这种耀眼的光芒趋于减弱，画家更倾向于探寻一种细腻柔和的过渡以及忧郁、内化的诗意，最经典的作品当属保存在布雷西亚马尔提能勾美术馆的两幅作品：《一个年轻长笛演奏者的肖像》和《牧羊人来拜》。

路加·西诺雷利　　P115
Luca Signorelli
科尔托纳，约1445年—1523年

路加·西诺雷利是皮耶罗·德拉·弗朗切斯卡的学生，同时也是波莱乌罗两兄弟的追随者。他辗转于15世纪艺术文化的主要场所和托斯卡纳、翁布里亚的小城市。在这一时期，他形成了自己的原创风格。在1482年，西诺雷利与佩鲁吉诺合作完成了西斯廷礼拜堂的壁画：这一时期的作品，如洛雷托圣堂圣殿的壁画和佩鲁贾大教堂的《圣贝诺夫里奥祭坛画》（1484年），均带有佩鲁吉诺的风格特点。在佛罗伦萨，西诺雷利成了以洛伦佐·德·美第奇为中心的文化群体的领军人物：保存在乌菲兹美术馆的部分画作便是西诺雷利在这一阶段完成的作品，包括笔力遒劲的圆形画《圣母与圣子》。洛伦佐大帝死后，西诺雷利还绘制了两组令人印象十分深刻的壁画：蒙特奥利维托修道院回廊的《圣本笃传奇》（1496—1498年）和奥尔维耶托大教堂圣布里齐奥礼拜堂的《启示录》（1499—1504年）。他最后20年的艺术活动主要是在科尔托纳和卡斯泰洛城两地展开。

斯特凡诺·达·泽维奥　　P13
Stefano da Zevio
或斯特凡诺·迪·乔瓦尼（Stefano di Giovanni），米兰，约1379年—维罗纳，约1438年

斯特凡诺·达·泽维奥一生为数不多的作品，都是国际哥特式风格，意大利与欧洲各宫廷之间技艺切磋最有趣、最典型的代表作。斯特凡诺是画家兼微型画师让·达尔布瓦（Jean d'Arbois）之子，其父先后活跃于勃艮第的公爵宫廷与米兰的吉安·加莱亚佐·维斯孔蒂（Gian Galeazzo Visconti）宫廷。斯特凡诺主要在帕多瓦和维罗纳两地工作，同时与米兰的艺术界保持着密切联系。其中，他与米开利诺·达·贝索佐（Michelino da Besozzo）同音共律，此人经常辗转于斯福尔扎宫廷和威尼托。维罗纳的《玫瑰园里的圣母玛利亚》是意大利哥特式宫廷绘画的代表作，关于这幅作品的归属问题（究竟属于斯

特凡诺·达·泽维奥，还是米开利诺·达·贝索佐）目前仍存争议。斯特凡诺的作品主要包括维罗纳圣费尔莫马焦雷大教堂的天使壁画，以及米兰布雷拉美术馆的《三博士来拜》（落款为1434年）。在其创作的成熟时期，他在维罗纳一直与皮萨内洛保持着深入的交流。

雅各布·丁托列托　　P233
Jacopo Tintoretto

雅各布·罗布斯蒂（Jacopo Robusti），威尼斯，1519年—1594年

丁托列托壮观的《圣马可的奇迹》（1548年，威尼斯，学院美术馆）标志着他在威尼斯艺术领域的一大突破。在保留威尼斯传统的色彩和光线品位的同时，艺术家引入了宏伟的姿态、健美的躯体和大胆的风格主义透视切割。16世纪50年代，他的艺术风格变幻莫测，时而会以保罗·委罗内塞（如《苏珊娜和长老》，维也纳，艺术史博物馆）为参照，时而以流畅自如的笔触刻画出一系列的神话和宗教主题场景，有时，他还会将画中人物的姿态刻画得极度扭曲。1564年，他开始了装饰圣洛克大会堂的漫长工程，从中可以看出他在艺术上的发展与进步。在创作过程中，他逐渐从华贵热闹的场景转向具有强烈表现力的构图研究以及传达强烈情感、具有启发性的图像（藏于一楼大厅）。丁托列托还为威尼斯的许多教堂创作了几十幅祭坛画，并成为负责总督府重装项目的核心人物。在他的晚期作品中时常笼罩着一种神秘、魔幻的光环，如存于圣乔治马焦雷教堂的《最后的晚餐》。

提香·韦切利奥　　P155
Tiziano Vecellio

皮埃维·卡多雷（贝卢诺），1488/1490年—威尼斯，1576年

作为乔凡尼·贝利尼的学生以及乔尔乔内的合作者，提香凭借其绚丽丰富的色彩和摇曳生姿的构图（《圣母升天图》，存于弗拉里大教堂）迅速跻身于威尼斯画派的前列。1516年，他始任威尼斯共和国御用画师一职，一

直持续了60年之久。从1518年起，他以为阿方索·德·埃斯特（Alfonso d'Este）公爵创作的《酒神节》开启了自己御用画师的职业生涯：他为贡扎加家族、德拉·罗韦雷家族和法尔内塞家族创作了大量亦真亦幻的艺术作品和肖像画，令人久久不忘。1530年，由于皮特罗·阿雷蒂诺（Pietro Aretino）的引荐，提香结识了他最负盛名的赞助人——查理五世大帝，并开始为其作画。提香在罗马的进修之旅（1545—1546年）在与米开朗基罗的会面中达到高潮。这两位卓越的大师都有着十分鲜明的个人风格，在创作中自然也各持己见：米开朗基罗将图案和人物置于艺术的中心，而提香则更偏重色彩的描绘。1551年，提香决定在威尼斯度过他的晚年。后来，他还创作了最后的祭坛作品（耶稣会教堂《圣劳伦斯的殉教》；《圣母怜子像》，现存于学院美术馆）和几幅神话主题画作（被后世阐释为人类存在的映射）。

保罗·委罗内塞　　P229
Paolo Veronese

保罗·卡利亚里（Paolo Caliari），维罗纳，1528年—威尼斯，1588年

在出生地受训之后，保罗·委罗内塞在青年时期便参与了集体创作。他逐渐声名鹊起，于1553年获得装饰威尼斯总督府的十人厅（Sala del Consiglio dei Dieci）的委托。他的画作清晰而宏大，以古典对称性和明亮的色彩为基础，正是凭借这一特色，他才有机会完成大量的创作，比如，为圣马可国家图书馆的天花板绘制的三幅圆形画（1556年）、圣塞巴斯蒂亚诺教堂的装饰（1556—1567年）以及现存于卢浮宫的热闹非凡的《在伊默斯的晚餐》（1559年）。这些作品包括他与安德烈亚·帕拉迪奥（Andrea Palladio）联手打造的马塞尔巴尔巴罗别墅。在整个16世纪60年代，委罗内塞都致力于为威尼斯教堂创作，并留下了一系列光彩夺目的绘画作品。然而，宗教裁判所对《利未家的宴会》（1573年，威尼斯，学院美术馆）提出质疑，认为作品刻画的世俗丑物有渎神圣，大大削减了委罗内塞的创作热情。他的神圣主题画作

变得更具反思性，晚年，他更倾向于描绘个人内心思想及其周围环境。尽管如此，他仍然有机会从事许多与总督府的重建、重装有关的国家级装饰项目。

墙壁上的狂欢

15 至 16 世 纪 意 大 利
文 艺 复 兴 密 码

［意］斯特凡诺·祖菲（Stefano Zuffi）著　Myngo张加 译

参考书目

关于意大利文艺复兴时期的艺术文献浩如烟海，而关于个别作品、艺术家、背景、主题的新文献也在持续涌现，不断丰富着意大利艺术的知识宝库。以下是一些最新的、易寻获的一般参考书目，附有部分主题展览的一览表。这些都是历史性作品，堪称文艺复兴时期艺术批评的里程碑，在近年来经过再版，得以重新面世。

伯纳德·贝伦森（Bernard Berenson），《文艺复兴时期的意大利画家》（*I pittori italiani del Rinascimento*），里佐利出版社，2011年

彼得·伯克（Peter Burke），《文艺复兴》（*Il Rinascimento*），穆里诺出版社，2001年

安得烈·夏斯泰（André Chastel），《伟大的作坊：1460年—1500年的意大利艺术》（*La grande officina. Arte italiana 1460—1500*），里佐利出版社，2003年

安得烈·夏斯泰（André Chastel），《意大利文艺复兴时期祭坛画史》（*Storia della pala d'altare nel Rinascimento italiano*），布鲁诺·蒙达多里出版社，2006年

西蒙尼·法拉利（Simone Ferrari），《文艺复兴之声：通过这一时期的艺术家和理论家的著作》（*Voci del Rinascimento. Attraverso gli scritti di artisti e teorici dell'epoca*），布鲁诺·蒙达多里出版社，2008年

马可·福林（Marco Folin），《文艺复兴时期的意大利宫廷：1395—1530年的艺术、文化与政治》（*Corti italiane del Rinascimento. Arti, cultura e politica 1395—1530*），书坊出版社，2010年

安东尼奥·福切里诺（Antonio Forcellino），《1545：文艺复兴的最后阶段》（*Gli ultimi giorni del Rinascimento*），拉特尔扎出版社，2008年

福西·格罗瑞亚（Fossi Gloria）（编著），《文艺复兴与风格主义：西方艺术的伟大风格》（*Rinascimento e manierismo. I grandi stili dell'arte occidentale*），吉恩蒂出版社，2004年

尼古拉·加尔迪尼（Nicola Gardini），《文艺复兴》（*Rinascimento*），艾诺迪出版社，2010年

欧金尼奥·加林（Eugenio Garin），《文艺复兴时期的文化》（*La cultura del Rinascimento*），拉特尔扎出版社，2010年

路德维希·海因里希·海登里奇（Ludwig Heinrich Heydenreich），《文艺复兴初期：1400—1460年的意大利艺术》（*Il primo Rinascimento. Arte italiana 1400-1460*），里佐利出版社，2003年

《以米开朗基罗和拉斐尔为标志的罗马文艺复兴》（*Il Rinascimento a Roma nel segno di Michelangelo e Raffaello*），展览目录（罗马，2011—2012年），埃莱克塔出版社，2011年

保罗·奥斯卡·克里斯特勒（Paul Oskar Kristeller），《文艺复兴时期的思想与艺术》（*Il pensiero e le arti del Rinascimento*），堂泽利出版社，2005年

《文艺复兴之春：佛罗伦萨艺术1400—1460》（*La primavera del Rinascimento. Le arti a Firenze 1400—1460*），展览目录（佛罗伦萨，2013年），曼德葛拉出版社，2013年

《文艺复兴初期的锡耶纳艺术》（*Le arti a Siena nel primo Rinascimento*），展览目录（锡耶纳，2010年），24小时文化出版社，2010年

埃尔文·帕诺夫斯基（Erwin Panofsky），《西方艺术的文艺复兴》（*Rinascimento e rinascenze nell'arte occidentale*），费尔特里内利出版社，2009年

沃尔特·佩特（Walter Pater），《文艺复兴》（*Il Rinascimento*），阿布斯孔蒂塔出版社，2007年

《皮特罗·本博与文艺复兴时期的作品》（*Pietro Bembo e l'invenzione del Rinascimento*），展览目录（帕多瓦，2013年），马西利奥出版社，2013年

安东尼奥·皮内利（Antonio Pinelli）（编著），《文艺复兴时期的罗马》（*Roma del Rinascimento*），拉特尔扎出版社，2007年

《文艺复兴：国家博物馆的杰作》（*Rinascimento. Capolavori dai musei statali*），展览目录（东京—罗马，2001年），斯基拉出版社，2001年

卢卡·特雷维桑（Luca Trevisan），《意大利文艺复兴时期的木质镶嵌画》（*Tarsie lignee del Rinascimento in Italia*），萨西出版社，2011年

乔尔乔·瓦萨里（Giorgio Vasari），《意大利最杰出的建筑师、画家和雕塑家的历史：从奇马布埃至今》（*Le vite de' più eccellenti architetti, pittori, et scultori italiani, da Cimabue, insino a' tempi nostri*），卢西亚诺·贝洛西（Luciano Bellosi）与阿尔多·罗西（Aldo Rossi）（编著），艾诺迪出版社，2005年

斯特凡诺·祖菲（Stefano Zuffi），《文艺复兴：1401年—1610年欧洲艺术的辉煌印记》（*Il Rinascimento. Lo splendore dell'arte europea 1401—1610*），蒙达多里出版社，2002年

斯特凡诺·祖菲（Stefano Zuffi），《如何解读文艺复兴时期的艺术》（*Come leggere l'arte del Rinascimento*），萨西出版社，2010年

图片来源与致谢

除另附说明外，本书中的所有照片均出自卢卡·萨西（Luca Sassi）之手，因此最终解释权归萨西出版社（Sassi Editore srl）所有。所有照片均是在拥有作品所有权的团体、博物馆和机构的正规授权下进行拍摄。在此，我们向下列博物馆及监管机构的负责人、政府官员、个人和基金会表示由衷的感谢，感谢他们为此书的制作提供了极大的便利。

如有任何侵权行为，请及时联系出版社。

科雷乔（Correggio），《圣杰罗姆的圣母》，1523年，帕尔马，国家美术馆。已获得帕尔马省和皮亚琴察省艺术、历史博物馆的拍摄许可，P.158-P.161。

提香·韦切利奥（Tiziano Vecellio），《新生儿的奇迹》，1511年，帕多瓦，圣修院。已获得崇高圣徒石棺组织的拍摄许可，P.IV。

保罗·委罗内塞（Paolo Veronese），《三博士来拜》，1578年，维琴察，圣科罗纳教堂。已获得维琴察市立博物馆的拍摄许可，P.VI。

奥斯文扎大师（Maestro dell' Osservanza），（或萨诺·迪·皮特罗［Sano di Pietro］）《圣母的诞生》，1433年，阿夏诺（锡耶纳），科尔波拉宫博物馆。已获得蒙塔尔奇诺—埃尔萨谷口村—锡耶纳大主教区的拍摄许可，P.2，P.26-P.31。

曼特尼亚（Mantegna），《圣泽诺大教堂祭坛画》，1457—1459年，维罗纳，圣泽诺大教堂。已获得维罗纳现存教堂保护协会的拍摄许可，P.4，P.36-P.41。

秦梯利·达·法布里亚诺（Gentile da Fabriano），《三博士来拜》，1423年，佛罗伦萨，乌菲兹美术馆。已获得佛罗伦萨市历史、艺术和种族人类学遗产监管局及博物馆的拍摄许可，P.6-P.11。

斯特凡诺·达·泽维奥（Stefano da Zevio），《玫瑰园里的圣母玛利亚》，约1420年，蛋彩画，129cm×95cm，编号：173-1B0359，维罗纳，老城堡博物馆。已获得老城堡博物馆的拍摄许可，P.12-P.17。

安东尼奥·皮萨内洛（Antonio Pisanello），《圣乔治与公主》，约1436年，维罗纳，圣亚纳大削堂，佩莱格里尼教堂。已获得维罗纳现存教堂保护协会的拍摄许可，P.18-P.19。图片源自©2013佛罗伦萨斯卡拉图片库，P.20-P.21。

马索里诺·达·帕尼卡莱（Masolino da Panicale），《施洗者圣约翰传奇》，1435年。已获得卡斯蒂耶内·奥洛纳教堂博物馆—瓦里泽©教堂博物馆—罗伯托·莫雷利的拍摄许可，P.22-P.25。

贝诺佐·哥佐利（Benozzo Gozzoli），《礼拜基督降生的三博士仪仗》，1459—1460年，佛罗伦萨，美第奇宫礼拜堂。图片源自©2013佛罗伦萨斯卡拉图片库，已获得意大利文化遗产和活动部的拍摄许可，P.32，P.34-P.35。已获得伦敦布里奇曼艺术图书馆的拍摄许可，P.33。

文森佐·福帕（Vincenzo Foppa），《殉道者圣彼得传奇》，1468年，米兰，圣埃乌斯托乔大教堂，波尔蒂纳里拜堂。已获得米兰大教堂和圣尤斯托吉奥教区的拍摄许可，P.42-P.45。

皮耶罗·德拉·弗朗西斯卡（Piero della Francesca），《真十字架传奇》，1452—1457年，阿雷佐，圣弗朗西斯卡大教堂。已获得意大利文化遗产和活动部—阿雷佐的建

筑、景观、历史、艺术和种族人类学遗产监管局的拍摄许可，P.46，P.70-P.79。

多梅尼哥·基尔兰达约（Domenico Ghirlandaio），《牧羊人来拜》，1485年，佛罗伦萨，圣特里尼塔天主大教堂（三圣一教堂），萨塞蒂小堂。已获得瓦伦布罗萨本笃会会修道会的加布里埃勒神父的拍摄许可，P.48，P.102-P.107。

马萨乔（Masaccio），《纳税银》，1424—1425年，佛罗伦萨，卡尔米内圣母大殿，布兰卡奇礼拜堂。已获得佛罗伦萨宗座监牧区—礼拜建筑基金的拍摄许可，P.50-P.55。

真福安杰利科（Beato Angelico），《圣母领报》，1433年，科尔托纳（阿雷佐），教区博物馆。已获得教区博物馆的拍摄许可，P.56-P.61。

保罗·乌切洛（Paolo Uccello），《圣罗马诺之战》，1456年，佛罗伦萨，乌菲兹美术馆。已获得佛罗伦萨市历史、艺术和种族人类学遗产监管局及博物馆的拍摄许可，P.62-P.65。

多纳泰罗（Donatello），《高坛的青铜雕像与浮雕》，1444—1450年，帕多瓦，圣徒大教堂。已获得崇高圣徒石棺组织的拍摄许可，P.66-P.69。

菲利波·利皮（Filippo Lippi），《希律王宴会》，1452年，普拉托大教堂。已获得普拉托教区—文化遗产办事处的拍摄许可，P.80-P.85。

朱利亚诺·达·马亚诺（Giuliano da Maiano）、贝内德托·达·马亚诺（Benedetto da Maiano），《费德里科·达·蒙特费尔特罗书房的镶嵌画》，1474—1476年，乌尔比诺，总督府。已获得佩萨罗、乌尔比诺省历史、艺术和种族人类学遗产监管局的拍摄许可，P.86-P.91。

安托内罗·达·墨西拿（Antonello da Messina），《圣塞巴斯蒂安》，1475年，德累斯顿，历代大师画廊，国家艺术收藏馆。图片源自©2013佛罗伦萨斯卡拉图片库/BPK，柏林艺术、文化及历史主题图片库，P.92-P.93。

安东尼奥·德尔·波莱乌罗（Antonio del Pollaiolo）或皮耶罗·德尔·波莱乌罗（Piero del Pollaiolo），《妇人像像》，1470年，米兰，波尔迪·佩佐利博物馆。已获得波尔迪·佩佐利博物馆的拍摄许可，P.94-P.95。

桑德罗·波提切利（Sandro Botticelli），《春》，1478年，佛罗伦萨，乌菲兹美术馆。已获得佛罗伦萨市历史、艺术和种族人类学遗产监管局及博物馆的拍摄许可，P.96-P.101。

菲利皮诺·利皮（Filippino Lippi），《圣母玛利亚向圣伯纳德的显现》，1482年，佛罗伦萨，巴迪亚·菲奥伦蒂娜教堂。已获得耶路撒冷兄弟会的马西莫·玛利亚神父的拍摄许可，P.108-P.113。

路加·西涅雷利（Luca Signorelli），《伪基督的传教和行径》，1499—1502年，奥尔维耶托大教堂，圣布里齐奥礼拜堂。图片源自©奥尔维耶托大教堂作品，P.114-P.116。图片源自©2013佛罗伦萨斯卡拉图片库，P.117。

平托瑞丘（Pinturicchio），《艾伊尼阿斯·西尔维乌·皮科罗米尼出席巴塞尔会议》，1503年，锡耶纳，大教堂，皮科罗米尼家族图书馆。图片源自©锡耶纳市大都市歌剧院，第155/2013号文件，P.118，P.142-P.145。

乔凡尼·贝利尼（Giovanni Bellini），《基督的洗礼》，1500—1504年，维琴察，

圣科罗纳教堂。已获得维琴察市立博物馆的拍摄许可，P.120，P.130-P.133。

西玛·达·科内利亚诺（Cima da Conegliano），《圣马丁三联画》，1500年，维尼里奥·威尼托（特雷维索），"阿尔比诺·卢恰尼"教区博物馆。已获得"阿尔比诺·卢恰尼"教区神圣艺术博物馆、"维托里奥·威尼托"教区文化遗产办事处的拍摄许可，P.122-P.125。

维托雷·卡尔帕乔（Vittore Carpaccio），《圣奥古斯丁的显圣》，1502年，威尼斯，斯拉夫的圣乔治会堂。已获得斯拉夫的圣乔治达尔马提亚会堂的拍摄许可，P.126-P.129。

乔尔乔内（Giorgione），《圣母子在圣尼卡西奥与圣弗朗西斯之间》（《卡斯泰尔弗兰科祭坛画》），1500—1504年，威尼托自由城堡（特雷维索），主教堂，科斯坦佐礼拜堂。已获得威尼托自由城堡教区的拍摄许可，P.134-P.137。

莱昂纳多·达·芬奇（Leonardo da Vinci），《最后的晚餐》，1494—1497年，米兰，圣玛利亚感恩教堂餐厅。图片源自隶属于意大利文化遗产和活动部的©马乌罗·兰扎尼档案室/阿利纳里档案室，P.138-P.141。

拉斐尔·圣齐奥（Raffaello Sanzio），《圣玛利亚的婚礼》，1504年，米兰，布雷拉美术馆。已获得米兰、贝加莫、科莫、莱科、洛迪、蒙扎、帕维亚、松德里奥、瓦雷泽等省的艺术、历史及种族人类学监管局的拍摄许可，P.146-P.149。

米开朗基罗·博那罗蒂（Michelangelo Buonarroti），《圣家族》（《多尼圆幅》）1504—1505年，佛罗伦萨，乌菲兹美术馆。已获得佛罗伦萨市历史、艺术和种族人类学遗产监管局及博物馆的拍摄许可，P.150-P.153。

提香·韦切利奥（Tiziano Vecellio），《圣母升天图》，1516—1518年，威尼斯，弗拉利荣耀圣母大教堂。已获得威尼斯教区文化遗产办事处的拍摄许可，P.154-P.157。

高登齐奥·法拉利（Gaudenzio Ferrari），《基督生平与受难情景》，1513年，瓦拉洛（韦尔切利），圣玛利亚感恩教堂。已获得瓦拉洛市社会服务和文化办事处的拍摄许可，P.162-P.165。

乔瓦尼·玛利亚·法尔考内托（Giovanni Maria Falconetto），《十二星座厅》，1515年，曼托瓦，阿科宫。已获得阿科宫基金会的拍摄许可，P.166-P.169。

伯纳迪诺·卢伊尼（Bernardino Luini），《圣毛里齐奥事迹和其他场景的壁画》，1530年，米兰，圣毛里齐奥教堂。已获得大主教区的拍摄许可，P.170-P.173。

洛伦佐·洛托（Lorenzo Lotto），《<旧约>场景镶嵌画》，1522—1534年，贝加莫，圣玛利亚马焦雷大教堂。已获得Mia基金会的拍摄许可，P.174-P.177。

朱里奥·罗马诺（Giulio Romano），《巨人厅》，1531—1536年，曼托瓦，得特宫。已获得曼托瓦市文化、旅游和城市促进部的拍摄许可，P.178，P.196-P.201。

保罗·委罗内塞（Paolo Veronese），《奥林匹斯大厅》，1560年，马塞尔（特雷维索），巴尔巴罗别墅。已获得马塞尔巴尔巴罗别墅的拍摄许可，P.180，P.228-P.231。

罗索·费奥伦蒂诺（Rosso Fiorentino），《从十字架降下耶稣》，1521年，沃尔特拉（比萨），市立艺术馆。已获得沃尔特拉市

立艺术馆的拍摄许可，P.182-P.187。

蓬托莫（Pontormo），《圣母探访》，1528—1529年，卡米尼亚诺（普拉托），圣米凯莱教区教堂。已获得皮斯托亚教区及文化遗产办事处的拍摄许可，P.188-P.191。

阿尼奥洛·布伦齐诺（Agnolo Bronzino），《伊莲诺拉·迪·托雷多和其子乔瓦尼的画像》，1545—1546年，佛罗伦萨，乌菲兹美术馆。已获得佛罗伦萨市历史、艺术和种族人类学遗产监管局及博物馆的拍摄许可，P.192-P.195。

佩林·德尔·瓦加（Perin del Vaga），《巨人的陷落》，1531—1533年，热那亚，多利亚宫（普林西比别墅）。图片源自©2013佛罗伦萨斯卡拉图片库，P.204-P.205，以及DeAgostini图片库/佛罗伦萨斯卡拉图片库，P.202-P.203。

拉法利诺·达·雷焦（Raffaellino da Reggio）和乔瓦尼·德·维基（Giovanni de' Vecchi），《世界地图之屋》，1574年，卡普拉罗拉（维泰博），法尔内塞宫。已获得罗马、列蒂和维泰博省建筑与景观遗产监管局的拍摄许可，P.206-P.209。

费德里科·巴罗奇（Federico Barocci），《圣母领报》，1592—1596年。阿西西（佩鲁贾），天使与殉道者圣母大殿。已获得圣玛利亚·德里·安杰利教区的拍摄许可，P.210-P.211。

乔瓦尼·杰罗拉莫·萨沃尔多（Giovanni Gerolamo Savoldo），《神圣对话》，1521年，特雷维索，圣尼科洛教堂。已获得圣尼科洛教区的拍摄许可，P.212-P.215。

莫雷托·达·布雷西亚（Moretto da Brescia），《法利赛人西门的盛宴》，1550—1554年，布雷西亚，卡尔切拉的圣玛利亚教堂。已获得布雷西亚教区教廷及教会文化遗产办事处的拍摄许可，P.216-P.219。

雅各布·巴萨诺（Jacopo Bassano），《在伊默斯的晚餐》，1538年，奇塔代拉（帕多瓦），主教堂。已获得奇塔代拉主教堂、雷米吉奥·布鲁塞丁神父的拍摄许可，P.220-P.223。

文森佐·坎比（Vincenzo Campi），《圣马丁日》，1585年，克雷莫纳，"阿拉·彭左内"市立博物馆。已获得克雷莫纳市文化和博物馆事务局的拍摄许可，P.224-P.227。

雅各布·丁托列托（Jacopo Tintoretto）《最后的晚餐》，1592—1594年，威尼斯，圣乔治马焦雷教堂。已获得威尼斯教区文化遗产办事处的拍摄许可，P.232-P.235。

阿尼巴尔·卡拉齐（Annibale Carracci），《法尔内塞画廊》，1597—1602年，罗马，法尔内塞宫。图片源自©法国大使馆/泽诺·科兰托尼，P.236-P.238，以及©2013佛罗伦萨斯卡拉图片库，P.239。

Published for the first time in Italy in 2013 by Sassi Editore srl

Copyright ©2013 Sassi Editore srl, Viale Roma 122/b, 36015 Schio (VI) – Italy

Text: Stefano Zuffi

Photos: Luca Sassi, unless otherwise specified in the photo credits

Text revision: Francesca Marotto, Irena Trevisan

Layout: Fuorinorma, Matteo Gaule

Editorial coordination: Luca Sassi

Photolith: Sassi Editore srl

The simplified Chinese translation rights arranged through Rightol Media

(本书中文简体版权经由锐拓传媒取得Email: copyright@rightol.com)

湖北省版权局图字：17-2023-062

图书在版编目（CIP）数据

墙壁上的狂欢：15至16世纪意大利文艺复兴密码 /
（意）斯特凡诺·祖菲（Stefano Zuffi）著；Myngo张谊译.
— 武汉：湖北美术出版社,2023.8（2023.9重印）
  ISBN 978-7-5712-0778-6

  Ⅰ.①墙… Ⅱ.①斯… ②M… Ⅲ.①文艺复兴－研究
－意大利 Ⅳ.①K546.32

  中国国家版本馆CIP数据核字(2023)第043384号

墙壁上的狂欢：*15至16世纪意大利文艺复兴密码*

QIANG BI SHANG DE KUANGHUAN：15ZHI16SHIJI YIDALI WENYIFUXING MIMA

策　　　划：谢莹

责任编辑：谢莹

责任校对：杨晓丹

技术编辑：李国新

书籍设计：墨绿

出版发行：长江出版传媒　湖北美术出版社

地　　址：武汉市洪山区雄楚大道268号湖北出版文化城B座

电　　话：（027）87679525　87679520

邮政编码：430070

印　　刷：湖北金港彩印有限公司

开　　本：660mm×980mm　1/8

印　　张：32

版　　次：2023年8月第1版

印　　次：2023年9月第2次印刷

定　　价：198.00元